企业海外知识产权风险应对管理指引

广东省知识产权研究与发展中心（广东省知识产权维权援助中心）
深圳市智汇远见知识产权管理有限公司　编著

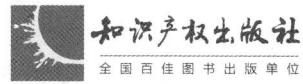

图书在版编目（CIP）数据

企业海外知识产权风险应对管理指引 / 广东省知识产权研究与发展中心（广东省知识产权维权援助中心），深圳市智汇远见知识产权管理有限公司编著 . — 北京 : 知识产权出版社，2015.9

ISBN 978-7-5130-3770-9

Ⅰ . ①企… Ⅱ . ①广… ②深… Ⅲ . ①企业–知识产权–涉外案件–研究–中国 Ⅳ . ① D923.404

中国版本图书馆 CIP 数据核字 (2015) 第 217225 号

内容提要

本书是国内目前较为详细介绍并阐述企业如何应对和管理海外知识产权风险的著述，系统化详细论述了企业应对美国"337 调查"、海外知识产权诉讼、海外参展中的知识产权风险以及企业海外投资与合作中的知识产权风险的方法与流程。而且，本书在介绍流程的同时，引入了各种适应于不同风险处理的管理工具，便于研究与管理人员参考使用。

责任编辑：李德升　王　辉

企业海外知识产权风险应对管理指引

广东省知识产权研究与发展中心（广东省知识产权维权援助中心）

深 圳 市 智 汇 远 见 知 识 产 权 管 理 有 限 公 司　编著

出版发行：	知识产权出版社有限责任公司	网　　址：	http://www.ipph.cn;
电　　话：	010-82004826		http://www.laichushu.com
社　　址：	北京市海淀区西外太平庄 55 号	邮　　编：	100081
责编电话：	010-82000860-8381	责编邮箱：	ldsnk@126.com
发行电话：	010-82000860 转 8101/8029	发行传真：	010-82000893/82003279
印　　刷：	北京科信印刷有限公司	经　　销：	各大网上书店、新华书店及相关专业书店
开　　本：	720mm×1000mm　1/16	印　　张：	7.5
版　　次：	2015 年 9 月第 1 版	印　　次：	2017 年 1 月第 2 次印刷
字　　数：	120 千字	定　　价：	26.00 元

ISBN 978-7-5130-3770-9

出版权专有　侵权必究

如有印装质量问题，本社负责调换。

本书编委会

主　任：马宪民
副主任：谢　红　李　强
编　委：李　俊　张　滢　魏庆华　陈　蕾　何　谦
　　　　方晓龙　陈宇萍　陈小静　黄少晖　吴建华
　　　　冯建宁

本书编写组

主　编：李　强
副主编：刘羽波　张　滢　何　谦
成　员：吴海华　江晓慧　姬莎莎　谢祥武　罗晓涵

前　言

越来越多的中国企业走出国门参与国际市场竞争，随之而来的诸多市场风险也都开始显现，这其中最让企业头疼的莫过于知识产权风险。虽然近几年国家大力推进知识产权战略，企业或多或少都开始部署适合自身的知识产权发展规划，无论是积极开展专利布局，还是"市场未动，商标先行"的国际化商标行动，与欧美日等国家与地区娴熟运用知识产权规则参与市场竞争的企业相比，我国企业至少在以下三个方面是欠缺的：一是经验不足，历练不够；二是缺乏日常的风险防范措施和管理机制；三是企业内部缺乏专业人才队伍。基于此，我国企业如何应对海外知识产权风险就成了各企业在开拓海外市场时面临的重要问题。

企业在国际化过程中适应海外当地的市场和法制环境是国际化的应有之义，但过程却是痛苦的，教训也是惨烈的。一个国家的企业不能也不应该全部都走一条自己去试错的路，这样的代价就太大了。因此，整理一套适合所有企业应用的海外知识产权风险应对的管理规范和操作指引对于广大即将走出去或已经走出去的企业而言，具有重大的意义和作用，虽然这件工作本身就充满了挑战和争议。这也是本书出版的缘起。

这件工作充满了挑战，就是因为无论是政府层面，还是社会层面（例如各种协会、律所和各种法律服务机构）都在积极推动这件事情，都在做着各自的努力。国家知识产权局推出过一套六册的《走向海外系列宣传手册》，该手册为六本实务指引，涵盖了美国"337调查"、海外参展、美国专利诉讼、跨国并购等领域内的知识产权风险应对措施，内容既翔实又简练，可以做企业的案头手册。各大涉外律师事务所也都纷纷开展海外知识产权风险的咨询和诉讼服务。因此，在此基础之上，本书的定位和价值体现，就需要审慎地思考。

在撰写本书之前，我们需要问自己四个问题：1. 一家能够合格的应对海外知识产权风险的企业应具备什么样的条件？ 2. 企业在海外知识产权风险应对中该关注什么？ 3. 本书的读者是谁？ 4. 本书的目的是什么？

就第一个问题而言，我们研究了日本、韩国和中国成功应对欧美市场知识产权风险的企业，总结为以下几点：1. 审慎而严谨的流程。任何一家企业都是由多个部门构成的，如果没有一个贯穿整个企业的知识产权风险预防和应对流程，风险管理就无从谈起，而会变成完全无法管理的碰运气的事情。试想，一家企业的市场宣传部门可以任意地盗用别人版权的图片，采购部门无视采购元件的知识产权风险输入，销售部门也无视销售合同中的知识产权风险承担条款，那么这家企业在海关被扣货、在展会中被查抄、在销售时被诉侵权难道不是太正常了吗？风险管理并非是将风险全部消灭掉（实际上也不可能，企业的目标之一就是在市场风险中获得收益），而是将风险从敞口变成窄口可控，将每条风险的来源、发生的概率和影响进行评估，并为此设定不同的策略，例如规避、转移、承担等，将风险控制在可控范围内。而如果想达到这样的目的，没有规范的流程是不可能实现的。值得注意的是，这里所说的流程并非是像销售、市场那种规范的端到端流程，很多风险控制流程是嵌入在主流程之中的，例如在研发流程中，嵌入对专利的检索和分析节点是规避高风险专利的有效手段。2. 完善的技能培训体系。只有流程没有技能，则流程最终会流于形式。企业在这一点上最容易犯的错误就是认为知识产权风险属于法律部门或者知识产权部门应该负责的事情，相应的技能也应该掌握在这些部门手中。但实际上，对企业知识产权风险影响最大的岗位往往是市场和销售部门的管理层、研发部门的研发人员，甚至是市场、销售和采购部门的文员。很多企业拥有庞大的知识产权专业队伍，却疏于对上述知识产权相关岗位进行技能培养，这是造成企业间知识产权风险应对能力差距的主要原因。上述两个条件再加上资源配给就构成了能合格应对海外知识产权风险的企业应具备的最关键的条件。

相比于第一个问题，第二个问题则是企业的选择题。因为知识产权风险属于法律事务，企业往往过于关注法律细节，但实际上，法律事务完全可以交给外部律所来操作，而企业应将精力放在如何构建内部风险应对流程，如何提升内部相关岗位的操作技能和知识产权风险意识上。

本书的读者主要是企业中负责知识产权风险管理的管理人员，包括主管副总、法务部或知识产权部门中负责管理此业务的负责人，相信本书能够为外向型企事业单位知识产权部门、法律部门、风险管理部门、政府知识产权管理部门提供借鉴和参考。

本书的目的并非仅仅是指导企业应对具体的知识产权风险，而是帮助企业建立一种机制和流程，指导企业如何提升相关岗位的技能，并指导企业搜寻合适的外部资源。

与以往所有涉及海外知识产权的书籍相比较，本书有三大不同：第一，本书是由致力于提供知识产权维权援助公益服务的广东省知识产权研究与发展中心（广东省知识产权维权援助中心）与专注于企业知识产权风险管控和创新促进的咨询机构深圳市智汇远见知识产权管理有限公司合作完成；第二，本书凝聚了一批来自深圳一线的国际化企业的知识产权经理人，结合多年的丰富的海外知识产权实务经验；第三，本书是从企业应对管理的视角进行深入的总结和提炼，将研究结果汇聚，最终付梓成书。

本书是国内目前最为详细介绍并阐述企业如何应对和管理海外知识产权风险的著述，系统化详细论述了企业应对美国"337调查"、海外知识产权诉讼、海外参展中的知识产权风险以及企业海外投资与合作中的知识产权风险的方法与流程。而且，本书在介绍流程的同时，引入了各种适应于不同风险处理的管理工具。

本书在撰写过程中，受到诸多领导和同仁的帮助，参考了业界诸多文献，同时得到了华星光电、恩智浦（NXP）等数家外资或合资企业的知识产权负责人，以及万慧达、威世博、盈科等律师事务所或知识产权服务机构提出的宝贵意见，在此表示深深的感谢。同时感谢所有参与本书研究、整理、分析、编写、审校、出版的同志，大家的辛勤劳动与努力付出必将为国家知识产权战略增光添彩。

由于编者水平有限，本书难免有诸多疏漏，希望读者在参考本书的过程中能够提出宝贵的改进意见和建议，以利于后续版本的完善，在此也一并感谢。

目 录

第一章　美国"337调查"的应对指引 ……………… 1

一、知识速查 ……………………………………… 4
（一）美国"337调查"制度概述 ……………………… 4
（二）美国"337调查"的主要特点 …………………… 5
（三）美国"337调查"的各参与方 …………………… 6
（四）美国"337调查"的基本程序 …………………… 8
（五）美国"337调查"的结果及影响 ………………… 12

二、流程指引 ……………………………………… 16
（一）案件处理 ………………………………………… 16
（二）内部能力模型建设 ……………………………… 26

三、案例解读 ……………………………………… 33
（一）无汞碱性电池案 ………………………………… 33
（二）爱普生墨盒案 …………………………………… 35
（三）埃索拉覆铜板案件 ……………………………… 37
（四）国际糖业巨头泰莱三氯蔗糖案件 ……………… 38

第二章　海外知识产权诉讼风险的应对指引 ……… 41

一、知识速查 ……………………………………… 44
（一）海外知识产权诉讼风险分类 …………………… 44
（二）海外知识产权诉讼风险防范的内部制度基本原则 ……… 46

二、流程指引 ……………………………………… 47
（一）预防流程 ………………………………………… 47
（二）应对流程 ………………………………………… 55

三、案例解读 ·· 62
　　　　（一）思科诉华为案 ·· 62
　　　　（二）朗科诉美国 PNY 案 ·· 63
　　　　（三）罗地亚诉中华化工案 ·· 65

第三章　海外展会知识产权风险的应对指引 ································· 67

　　一、知识速查 ·· 70
　　　　（一）展会中经常发生的知识产权风险类型 ····························· 70
　　　　（二）展会中知识产权高风险国家执法情况概况 ······················· 73
　　二、流程指引 ·· 75
　　　　（一）准备流程 ··· 75
　　　　（二）应对流程 ··· 79
　　　　（三）补救流程 ··· 81
　　三、案例解读 ·· 81
　　　　（一）海鸥表业应对瑞士巴塞尔钟表展侵权指控案 ···················· 81
　　　　（二）2007 年德国 CeBIT MP3 扣货案 ····································· 82

第四章　海外投资与合作知识产权风险的应对指引 ······················· 85

　　一、知识速查 ·· 88
　　　　（一）海外收购前 ·· 88
　　　　（二）海外收购中 ·· 88
　　　　（三）海外收购后 ·· 89
　　二、流程指引 ·· 89
　　　　（一）整体流程 ··· 89
　　　　（二）具体流程 ··· 90
　　三、案例解读 ·· 104
　　　　（一）北汽收购萨博知识产权案 ··· 104
　　　　（二）华立并购飞利浦 CDMA 专利案 ····································· 105

参考文献 ·· 107

第一章

美国"337调查"的应对指引

近年来，我国企业在走出国门后屡遭美国"337调查"。"337调查"案件数量连年居高不下，成为阻挡我国企业进军海外市场的一种重要的非贸易壁垒手段。我国企业遭受"337调查"案件中9成以上涉及专利侵权，应诉门槛高，专业性和实践性强，维权成本与维权难度越来越大。"337调查"在一定程度上阻碍了我国企业在开拓国外市场时的正常贸易活动，使企业在时间和资金上遭受重大损失。

本章旨在帮助我国企业了解美国"337调查"制度，从而引导我国企业更好地应对"337调查"。

一、知识速查

（一）美国"337调查"制度概述

根据美国《1930年关税法》（现被汇编在《美国法典》第19卷第337节）第337节的规定，如果任何进口贸易中存在侵犯知识产权或其他不正当竞争的行为，美国国际贸易委员会（ITC）都可以进行行政调查。

> 如果ITC认定有如下情况之一，则ITC有权采取制裁措施：
> - 某项进口产品侵犯了美国国内知识产权
> - 虽未侵犯知识产权但其效果却破坏或实质上损害美国某一产业
> - 或阻碍产业的建立
> - 或对美国商业或贸易造成限制或垄断

现行有效的337条款规定的是进口贸易中的不正当行为，该条款经数次修正，形成目前从第（a）款到第（n）款共计14个条文，大致可以分为两部分：实体性规定和程序性规定。其中实体性规定主要由（a）款规定，剩余的（b）至（n）款则都是关于337条款的程序性规定。

337条款的实质性规定中，下列关键词需要深刻理解：

- 不正当行为。

包括：侵犯版权、专利、商标、掩模产品和设计权的行为，以及其他进口中的不公平竞争方法或不公平的行为。

- 在美国国内存在相关产业。

即在美国有"现存的或正建立"的相关国内产业。认定上述知识产权的产业在美国存在的考虑因素为：① 对工厂及设备有一定的投资；② 雇佣一定的工人或投入一定量的资金；③ 对开发利用专利技术有大量的投资，包括工程、研发或专利许可。

- 对美国国内产业造成损害。

337条款中对是否对美国国内产业造成损害做了区分，在该条款的

（a）（1）(A) 中规定：除了 (B)、(C)、(D)、(E) 的规定，只有实施了 (A) 项下的不正当竞争方法或不正当的行为进口货物才需要国内损害作为337条款的实质要件；如果实施了该条款的（a）（1）(B)~(E) 项下的侵犯知识产权的行为，不需要产业损害作为337条款的构成要件。另外，判断是否造成产业损害的条件为：破坏或实质性损害美国的产业；阻止此产业的建立；限制或垄断美国的贸易和商业。

（二）美国"337调查"的主要特点

1. 保护范围广

首先，"337调查"较之于知识产权司法保护，其保护范围更广，包括专利、商标、著作权、商业秘密、商业外观、平行进口行为、毁谤企业商誉、对契约关系的侵权干扰或阻碍商业行为等。除了知识产权外，它还包括其他侵权行为导致的"不公平行为或方法"。但是，由于90%以上的"337调查"案件与知识产权有关，因此它常常被理解为主要是保护知识产权的。

2. 立案容易

申请人只需证明在美国存在与申请人主张的知识产权相关的产业，不需证明有损害。

3. 周期短

ITC的调查期限为12~16个月，复杂案件延长为18个月。相比而言，联邦地区法院的专利案件审理周期长达两年甚至更长。

4. 对物管辖

对所有进口到美国的产品，适用属物管辖权，因此外国公司即使没有在美国直接设立分公司，而是通过中间商将产品销售到美国，其也可能因为进口产品涉嫌侵权而成为"337调查"的被告。只要能够证明存在涉案进口产品，申请人就可以请求ITC对世界各地的被控企业同时展开调查，对整个行业产品进行封杀，而不是单独一家公司，该产品、企业甚至整个行业都将失去进入美国市场的机会。仅在涉及禁止令时才需要考虑对人管辖权。

5. 处罚严厉

一旦被认定侵权，不仅被申请人的相关产品，其他同类产品也有可能被禁止进入美国。处罚结果包括：普遍排除令、有限排除令、禁止令、同意令、扣押和没收令、罚款和临时救济措施。

（三）美国"337调查"的各参与方

1. 申请人

337条款目的是保护美国本国的产业，但是在涉及知识产权的"337调查"中，美国知识产权权利人，无论是美国企业（自然人）还是非美国企业（自然人），只要认为进口产品侵犯了其在美国有效的知识产权，并能够证明美国国内已经存在或正在形成相应的国内产业，无需证明损害，都可以依法向ITC提起"337调查"申请，并要求ITC采取相关救济措施。在确定美国是否存在国内产业这一问题上，应考虑合格申请人条件：是否在厂房和设备方面作了重要投资，是否雇佣了大量劳动力或筹措了大量资金，是否对涉案知识产权的开发进行了设计、研发、许可等重大投资活动。

2. 被申请人

被申请人是指申请人要求调查的对象。

3. 第三方

认为调查结果会对其产生影响的企业可以以第三方名义申请参与调查。例如虽未在被申请人名单内，但可能会因普遍排除令而受影响的企业。

4. ITC

ITC全称为美国国际贸易委员会，是一个独立的、非党派的（Bipartisan）、准司法性的联邦机构，为政府的立法和行政机关提供贸易方面的专业意见。ITC确定进口产品对美国产业的影响，并针对某些不公平的贸易行为，如反补贴、反倾销、专利、商标和版权的侵权等，指导采取相应的行为。ITC有3个目标：①客观公正地实施美国贸易补偿法；②向总统、美国贸易代表办公室和国会提供独立的、高质量的分析及信息，并提供有关关税和国际贸易与竞争方面的支持；③ 维持美国关税协调表。为履行上述目标，ITC 采取了 5 大行为：① 进口损害调查；② 基于知识产权的进口调查；③ 项目研究；④ 贸易信息服务；⑤ 贸易政策支持。ITC 由六名委员组成，所有委员由总统提名，经参议院同意后任命；相同政党的委员不得超过三人，六位委员的任期都是九年，且他们的任期交叉而非同时换任，一般不得连任，且上述委员必须保持 ITC 的政治中立，委员会主席和副主席由总统每两年任命一次。ITC 下设有行政法官办公室（Office Of Administrative Law Judge），由行政法官（ALJ）执行 ITC 的诉讼程序。另外，ITC 从不公平进口调查办公室（OUII）中选派一位调查人（Investigative Attorney），作为调查程序中代表公共利益的独立诉讼人，就有关被诉的行为和适当的救济措施采取独立的立场，该人员也有权提出动议或申请及评审和解方案。

5. 律师

律师包括政府律师和代理律师两类。政府律师代表公共利益的独立一方全面参与调查，由 ITC 聘请。代理律师则代表申请人或被申请人或第三方参与调查，代理律师由上述各方各自聘请。

6. 美国专利商标局（USPTO）

根据当事人请求对涉案专利权、商标权进行确权性审查。具体负责机构为其内部的专利审判和上诉委员会。

7. 美国总统

由其管辖的美国贸易代表办公室审议 ITC 做出的"337 调查"的终裁。

8. 美国联邦法院

由 3 级法院构成，联邦地区法院受理"337 调查"案件中的反诉；联邦巡回上诉法院负责对当事人不服 ITC 终裁（经美国总统审查后）的上诉进行司法审查；联邦最高法院则负责终审裁判。

9. 美国海关

是"337 调查"的 ITC 决定的执行机关，负责执行 ITC 的决定，例如扣押或禁止侵权产品进入美国。

(四)美国"337调查"的基本程序

"337调查"的主要程序包括:申请、立案、应诉、证据开示、听证会、行政法官初裁、委员会复议并终裁、总统审议。如果任何一方当事人对ITC的裁决结果不服,可以向美国联邦巡回上诉法院提起上诉。

1. 申请

"337调查"程序的发起可以由申请人提起,也可以由ITC依职权发起,但ITC很少主动发起。

2. 立案

立案是在申诉方向ITC提交诉状后,该委员会决定是否正式启动"337调查"的阶段。ITC在30天内必须决定是否启动正式的"337调查"。如果同时提交临时禁令申请,则ITC在35日内决定是否立案。如果最终决定启动调查,则在联邦登记簿上予以公报。行政法官应在立案后45日内确定调查结束的目标日期。

ITC通过审查诉状材料是否充分、是否与美国国际贸易委员会规则的规定一致,认定相关信息的来源等方法审查诉状是否合适,以保证诉状本身的可行性(如果需要,还须审查其他原始材料)。委员会通过仔细审查后,最后做出是否启动"337调查"的决定。

根据337条款的规定,在调查程序中,决定调查不能正式立案的原因包括:① 不属于ITC管辖的范围;② 不符合国内产业的要求;③ 当事人不适格;④ 存在仲裁协议等。另外,当事人起诉状的内容不符合规则规定的,"337调查"也不能正式立案。

"337调查"对主体有严格要求。根据337条款的规定,申诉方必须表明起诉的一方是主张被进口产品所侵犯的专利权或者其他知识产权的所有人或者排他性被许可人。主体是否适格,会影响"337调查"能否正式启动。在正式启动前,ITC的审查涉及主体方面的实质性审查。也正是因为对主体的严格审查,这就意味着"337调查"程序一旦被决定正式立案审理,委员会就已经认同申诉方满足"被进口产品侵犯的专利权或其他知识产权的所有人或排他性被许可人"的实体要件,这对申诉方非常有利。

"337调查"属于无陪审团式审理,因而没有附陪审团审理的请求书。但是诉状本身内容复杂、要求严格。ITC在决定是否正式发起"337调查"前进行的是实体审查,由于当事人申请"337调查"之前,可以向ITC的不公平进口调查办公室咨询,对诉状进行修正,因此,申诉方正式提交的诉状基本上能符合337的有关要求,启动"337调查"的成功率很高。而且在ITC审查决定是否正式发起"337调查"的阶段,申诉方可以和ITC保持接触,对案件的进程有充分的掌握。如果申诉方没有附带临时救济申请书的话,被诉方在这一阶段是不会收到诉状的。被诉方除非自己查到已经被起诉了,否则它基本上不会了解案件的情况。因此,这种双方不对等的地位对申诉方也非常有利。

3. 应诉

- 答辩前动议

在"337调查"中,被诉方可以通过查阅ITC秘书处的起诉目录表,从而获悉存在与其有关的起诉。之后,被诉方可以向ITC秘书处提交有关动议或请求书,对ITC是否受理起诉,阐述自己的意见。ITC并不对该动议或请求书做出正式的答复。但是,该动议或请求书可以提示ITC关注那些对被诉方有利的事项。被诉方也可以与ITC不公平进口调查办公室进行非正式的磋商。由于被诉方所提交的动议对公众公开,因此,出于保密的需要,与向ITC正式提交动议相比,被诉方更倾向于与ITC不公平进口调查办公室进行非正式的磋商。

- 答辩期限

在不存在临时救济动议的情况下,在起诉状中被列明的被诉方应在诉状和调查通知送达之日起20日内向ITC提交书面答辩。如果被申请人在美国境外,可再延长10日。如果临时救济动议是诉状的一部分或者与诉状一起提交给ITC并送达给被诉方,且不属于"案情复杂"的情形,则被诉方应在起诉状和调查通知送达之日起10日内提交答辩。对起诉状和调查通知的答辩要同时进行。如果案子被认定为"案情复杂",则被诉方应在起诉状和调查通知送达之日起20日内答辩。

另外,主审行政法官可以命令改变答辩期限。被诉方可以向ITC提交动议,申请延长法定的答辩期限,并说明请求延长的合理理由。例如:起诉状中所涉及的问题复杂或数量较多、由于被诉方不能控制的技术性困难造成起诉状的送达迟延、需要对诉状进行翻译等。通常，答辩期限应被严格遵守。但是法官会综合考虑公正合理等因素，尤其是申诉方和不公平进口调查办公室的律师对此不予反对或表示支持时。

- 答辩事由

作为"337调查"程序中非常重要的环节，"337调查"的答辩事由通常可以概括为如下几个方面：

第一，申诉方欺诈。这一抗辩事由要陈述对方欺骗的意图，而该意图必须能够从申诉方行为的事实和情况中推断出来。

第二，申诉方滥用权利。该项抗辩在被认定侵权之后可用于减少损害赔偿。通常是指出对方违反了反托拉斯法或者/并且是不适当地拓宽一个专利的范围或者期限。

第三，申诉方怠于行使权利。指出对方疏于或者延迟提起诉讼等行为给另一方带来不公正的对待。

第四，申诉方违反禁止反悔原则。这种答辩与怠于行使权利相关，即专利权人的行为或者陈述使得被诉方相信其不会遭到起诉。

第五，申诉方的许可。这是指被指控的侵权人已通过专利所有人或者另一有权许可该专利的人的许可，有权制造、使用、销售具有专利权的发明。

4. 证据开示

证据开示程序是一种审判前的程序和机制，具体而言是指当事人有权在法庭外直接向对方当事人索取或提供与案件事实有关的信息和证据的一项程序制度。ITC的举证程序参照联邦法院的民事程序，在整个取证程序当中，ITC规则实际上是与美国《联邦民事诉讼规则》大体一致的。

在永久性救济程序中，取证时间通常为5个月，在临时性救济程序中一般是3～5周。这个通常是按照在初次预审会议中确定的程序时间表进行的。除非当事人在证据开示程序日期截止以后，自愿协商继续开示程序，否则，超过规定截止时间就不能再提出开示请求。

在取证规则方面，ITC规定：在"337调查"程序中所应用的证据开示方法包括了请求自认、质询、传唤、取证和出示文件。在取证方法上，ITC规则与美国《联邦民事诉讼规则》基本相同。

5. 听证会

在"337调查"过程中，ITC需要就永久性救济措施或临时性救济措施做出决定时，必须举行听证会，以便涉案各方提交证据和陈述意见。另外，在调查执行、听取专家意见、做出制裁决定和没收保证金的活动中，也可能需要举行听证会。ITC的听证会可分为临时性救济措施听证会（简短的听证模式）和永久性救济措施听证会（完整的听证模式）。

在一项"337调查"启动6个月后，行政法官可以在ITC主持召开听证会，全面听取双方当事人的质证和答辩意见。在听证会上，双方当事人均有权进行询问、提供证据、反对、动议、辩论等。听证会一般持续1~2周时间。

> ■ 审理方式："337调查"的听证会没有陪审团，均由行政法官直接审理。听证会只在一名主审行政法官的主持下进行，所有的决定、命令、安排都由主审法官做出。
>
> ■ 审理范围：在ITC的听证会中，决定审理范围的不是申诉方在诉状中的诉讼请求，而是ITC发出的调查通知。
>
> ■ 听证记录：在听证记录中所记载的证据是行政法官做出初步决定或建议性决定的事实根据，也是日后ITC审查初步决定或建议性决定的依据。在"337调查"程序中，一般在听证会结束后，主审行政法官就会结束证据记录。但是在当事人达成协议的情况下，听证会后行政法官仍可以接受新证据。如果有新的证据，即使记录已经结束，如果存在正当理由，主审行政法官在初裁之前的任何时候都可以决定重新记录新的证据。

6. 初步裁决

ITC的行政法官在经过听证会和审阅材料后会做出一个初步裁决。如果一项"337调查"的目标日期（Target Date）少于15个月，行政法官应至少在目标日期前的3个月发布初裁（Initial Determination）；如果调查的目标日期长于15个月，行政法官应于目标日期前的4个月发布初裁。

初裁的内容应包括说明是否存在违反337条款的行为，并对救济措施提出建议等。如果ITC对此裁决经过复审没有异议，那么该裁决具有最终效力。

案件必须在 12 个月内审结，即使是比较复杂的案件也必须在 18 个月内结束。

7. ITC 复审及终裁

行政法官做出初步判决后，如有异议，任何一方可以在 10 天内就初步判决的有关事宜申请复核。只要至少有一名 ITC 委员同意就可以进行复核。复核过程中，ITC 可以在行政法官获得证据的基础上做出自己的事实和法律上的结论。如果 ITC 决定不予以复核，则行政法官的初步判决将作为委员会的最终判决。

如果 ITC 最终认为被告存在违反 337 条款的行为，则要考虑以恰当的方式对原告予以救济。需要考虑的因素包括公共健康和福利，美国经济的竞争状况，对美国同类产品或同行业的影响等。

8. 总统审议

ITC 决定给予原告一定的救济后，还必须送美国总统进行复议。总统要在 60 天之内从执行国家政策的角度出发复核 ITC 的决定和法令。如果 ITC 颁发了排除令，在总统复议期间，涉案商品仍然可以继续进口到美国，但必须支付一定数量的复出口担保金，具体金额由 ITC 决定。美国总统行使否决权则使法令无效。如果总统不表态，则视为同意，法令则从 60 天时效结束之日起生效。

其后，任何有利害关系的一方如对最终判决及颁发的法令不服，都可以向美国联邦巡回上诉法院提出上诉。任何上诉应在 ITC 的裁决成为最终裁决后 60 日内提出。上诉期间不影响救济措施的执行。

ITC 做出的未违反 337 条款的终裁无需经过总统审议，自发布之日起成为最终裁决。

（五）美国"337 调查"的结果及影响

在美国 337 条款中，如果 ITC 认定任何进口贸易中存在侵犯知识产权或其他不正当竞争的行为可采取以下救济措施：排除令、禁止令（停止令）、同意令、扣押和没收、罚款等。其中排除令、禁止令（停止令）、同意令可归属于法律责任的范畴，扣押和没收、罚款等可归属于强制措施的范畴。

在介绍法律责任及强制措施之前，先说明两个问题：

■ 公共利益的问题。

经过337条款一系列调查后，如果ITC最终裁决被诉方存在违反337条款的情形，就会考虑对申诉方采用什么样的救济措施，根据337条款的规定，必须符合美国国内的公共利益。ITC考虑的公共利益主要包括：美国公众的健康和福利、美国经济中的竞争条件、美国同类竞争产品的生产和美国消费者的利益。同时申诉方还需对颁布的救济措施不会损害公共利益进行举证。

■ 临时性救济措施和永久性救济措施的分类问题。

区分临时救济措施和永久性救济措施是依据时间界限。临时救济措施是在"337调查"程序终结前，申诉方为了防止损害的进一步扩大请求ITC采取临时救济措施。永久性救济措施是在"337调查"程序终结时，ITC做出了最终裁决，作为最终裁决的一部分，在没有影响公共利益的前提下ITC给出的救济措施，从而给予申诉方知识产权长久稳定的保护。

二者在基本内容中基本无差别，都包括排除令、停止令、扣押和没收侵权产品等。

永久性救济措施是相对于临时救济措施而言的，其实并不是时间上的永久。专利、版权都是有期限的，因此，救济措施的期限与专利权、版权的有效期相同；商标期满可以续期，直到商标权人期满不再续期为止，救济措施都一直有效。除非ITC发现情况有了新的变化，因此改变或撤销了该救济措施，否则该救济措施长期有效，直到知识产权人权利期满为止。

临时救济措施是申诉人可以在提交调查申请的同时，或者在ITC正式立案调查之前，要求ITC采取相关措施。ITC同意采取临时救济措施的理由包括：初步认定存在违反337条款的行为，且如果不采取临时救济措施，美国国内产业有可能受到立即发生的、实质的损害，或者美国国内产业的设立有可能受到威胁。如果ITC接受申请，调查开始后的90日内（复杂案件150日内）签发临时禁令。ITC应向财政部长通报根据本条款做出的排除进口的决定，财政部长应在受到该通报后，通过有关官员，拒绝有关产

> 品入境；除非上述产品根据财政部长命令提供保证金后（且 ITC 裁定该保证金金额足以保护申诉人不受损害），有权进口。如果 ITC 后来裁定应诉人违反本条款，则可没收该保证金，并交付给申诉人。

1. 排除令

排除令是 337 条款的主要救济措施，在不违反公共利益的前提下，ITC 将会首先考虑适用排除令，即禁止被控侵权产品进入美国的救济措施。排除令分为两种，一种是普遍排除令，一种是有限排除令。

普遍排除令是 ITC 针对某一种或某一类被控侵权产品而发布的全面禁止进口的命令，而不管这一产品是来自哪个国家和地区。337 条款明确规定了发布普遍排除令的条件：一是如果仅仅发布有限排除令，则被诉方有规避有限排除令的可能；二是存在产品普遍侵权的情形，并且难以确定具体的被诉方和侵权产品的来源。在此情况下，就有必要发布普遍排除令。普遍排除令针对的是产品，并不限于被诉方的产品。所以，即使那些没有被列入被诉方名单的厂商的产品，也可以在排除之列。

区别于普遍排除令，有限排除令针对的是特定被诉方的侵权产品。某种意义上来说有限排除令是针对特定被诉人的，由海关排除其侵权产品进入美国的救济措施。有限排除令排除的不仅包括被诉人的当前侵权产品，甚至还包括被诉人现在和今后生产涉嫌侵权的所有类型的产品，以及侵权产品的下游产品，这样就使得被诉人的所有涉嫌侵权产品完全被排除在美国市场之外。

有限排除令和普遍排除令都是由海关执行的。实践中，当 ITC 发布排除令的时候，它会立即书面通知财政部长，并附有该命令的副本和支持此命令的委员会意见。这个通知通过财政部转达至海关，海关随后通知其调查委员、地方或区域主管并且"指挥阻止适用排除令的所有进口产品的入关，除非在专利案件中，进口商得到了专利权人的授权或者可以适用进口保证金（在总统审核期间），这种保证金是在命令中明确宣布可以适用的。"海关也会在它的通知中公布任何被授予专利权的权利人的姓名。在发布通知公告以后，海关将一直与美国国际贸易委员会保持联系以确定命令的具体范围。如果进口商试图进口侵权产品,这些产品将会被查获并没收。

2. 停止令

停止令也叫禁止令,是指 ITC 发布的要求特定当事人停止销售或以其他方式使用进口到美国的被诉侵权产品,其效力及于美国境内。停止令和排除令的作用不同,排除令是把被诉侵权产品挡在美国国门之外,停止令则是阻止侵权产品在美国继续销售和使用。停止令可单独使用,也可以和排除令同时使用。停止令生效后,也随时可以修改、撤销或者由排除令取代。停止令和排除令一样,也可能因为政策原因而遭到总统的否决。对于停止令来说,可以用有限或者普遍排除令来取代;在违反停止令时,以违反命令的天数来计算,处以每日 10 万美元的民事罚款或者以高于货物两倍价值的罚款,以较高者为准。另外,停止令的执行不同于排除令,排除令是由海关执行的,而停止令是由 ITC 自己执行或由 ITC 向联邦地区法院提出申请,由联邦法院代为执行的。

3. 同意令

"337 调查"中,除和解方式外,双方当事人还可以同意令方式终止调查。同意令一般由申诉人和被诉人联合提交请求,也可单独由被诉人提出。同意令与和解协议类似,但保留了 ITC 的管辖权。一项同意令的内容可能包括:对所指控事实管辖权的承认;放弃以司法和其他方式对同意令有效性的质疑;声明愿意配合或不妨碍 ITC 就同意令的实施收集有关信息;声明愿意根据 ITC 的有关规则进行实施、修改或撤回。

谈判达成同意令是一种双赢的局面,双方可以在市场上和平共存还不用消耗大量的调查甚至诉讼成本。所以同意令是中国企业可以在"337 调查"中争取的一种化解问题方式。

4. 扣押和没收

在发现存在下述情形时,ITC 除发布排除令外,还可以发布扣押和没收命令,对违反 337 条款进口的侵权产品进行扣押和没收:① 产品所有人、进口人或承销人以前曾经试图向美国进口该侵权产品;② 该侵权产品以前曾由于发布了排除令而被拒绝进入美国;③ 以前被拒绝进入时,产品的所有人、进口人或承销人曾得到过该命令以及在试图进口时该产品便会被没收的书面通知。

此规定的目的是防止进口商不顾排除令的限制，仍选择管制较为宽松的海关进口侵权产品。如果该侵权产品的所有人、进口人或承销人仍然试图进口该产品，ITC应当向财政部长发出通知，告知其已经发布了扣押和没收侵权产品的命令，财政部长在收到委员会的通知后，可以命令海关对这些试图进入美国市场的侵权产品一律查封和没收，同时通知该产品的所有人、进口人或承销人。

5. 罚款

在签发排除令和禁止令后，有关当事人如果违反ITC的命令，将面临每日10万美元的罚款或相当于其每日违令输入美国产品的美国国内价值两倍的民事处罚，两者中取高者。

二、流程指引

为了应对美国"337调查"，企业应从处理案件和内部能力建设两个方面建立相应的流程。其中在处理案件方面需要建立的三项流程，分别为事前的预警流程、事中的应对流程和事后的总结优化流程。每项流程包括若干项工作，每项工作包括角色、流程、动作和内容，还包括该项工作开展的时机、可选性等项目，在部分工作中还应给出样例工作表单及评价模型等。而在内部能力建设方面，根据案件处理工作内容，企业应该建立应对"337调查"的内部能力模型，以便决策是否需要提升内部相关人员的能力以及聘请外部咨询机构协助建立相关能力。

（一）案件处理

企业应对"337调查"案件，应从调查前、中、后建立全流程的应对管理。

1. 预警流程——调查前

（1）美国"337调查"风险源扫描工作。

- 开展时机：产品将要进入美国市场或已进入美国市场，或产品需要过境美国，包括自主品牌进入美国，也包括代工或以零部件形式进入美国。
- 可选性：必选。
- 工作流程：如图1所示。

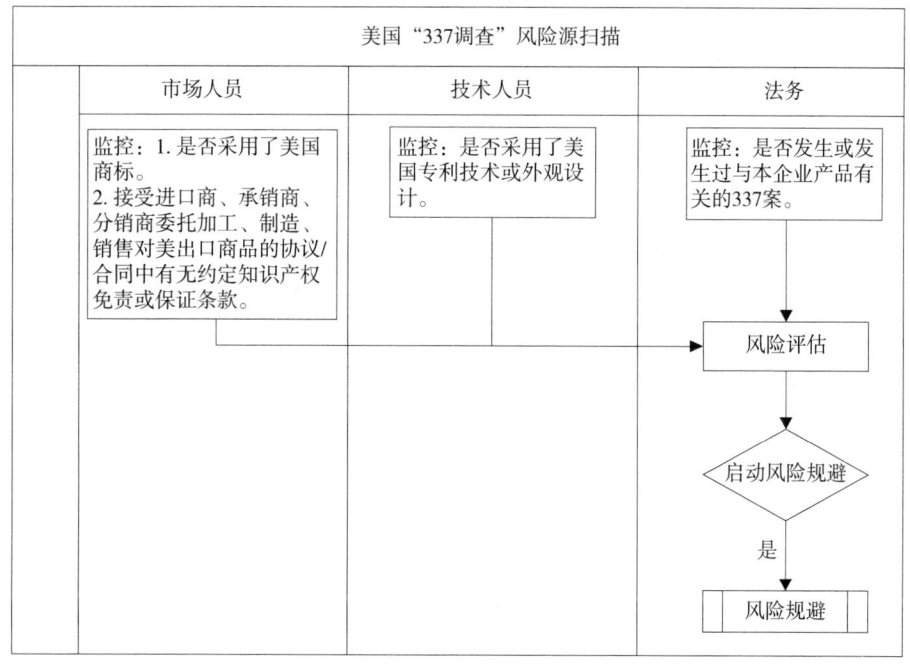

图1　美国"337调查"风险源扫描工作流程

1）企业可根据各角色的动作规划技能培养方案，例如对技术人员进行专利检索及解读技能的培养。如果企业内各角色无法胜任流程中的动作任务，则需要外聘顾问或委托外部咨询机构／律所等资源。

2）在风险评估中，可采用如表1所示的风险—影响模型。

表1　美国"337调查"风险评估风险—影响模型

风险元素	风险概率 （0~1.0）	影响因子（0~1.00）				
		0.05	0.1	0.2	0.4	0.8
A	0.9	0.05	0.09	0.18	0.36	0.72
B	0.7	0.04	0.07	0.14	0.28	0.56
C	0.5	0.03	0.05	0.1	0.2	0.4
D	0.3	0.02	0.03	0.06	0.12	0.24
E	0.1	0.01	0.01	0.02	0.04	0.08

举例说明：风险元素 A，使用了美国某公司的商标，但未获得对方授权，对方有维权记录，因此，风险概率为 0.9，但即使对方维权或发动"337 调查"，因为出货量比较少，可以及时补救，影响因子为 0.1，那么综合起来的风险值为 0.09。同时有风险元素 D，一年前某竞争对手生产与我公司同样的产品在出口美国时遭"337 调查"，但胜诉，我公司的产品遭"337 调查"的概率为 0.3，但一旦发生"337 调查"，我公司大量产品将被扣押在海关，美国市场有可能在两年内无法重启，影响因子为 0.8，综合风险值为 0.24。确定启动风险规避的原则可以设定为：只要具有一个元素在上表最深色区域就应该启动风险规避。

风险概率的确定需要经验或数据支撑，表 2 给出部分判定因素。企业应针对自身行业特性制订符合个性化的评判表，建议咨询相关咨询机构。

供参考的风险概率评判如表 2 所示。

表 2 美国"337 调查"风险概率评判表

序号	信息点	定性判断
1	对方是否来自欧、美、日、韩、中国台湾	是，则风险相对高
2	对方与企业是否属同行业竞争对手	是，则风险相对高
3	对方的经营规模是否较大	是，则风险相对高
4	对方近两年是否有过发起"337 调查"的案例	是，则风险相对高
5	企业的经营规模是否较大	是，则风险相对高
6	企业的发展速度与国际化进程是否明显	是，则风险相对高
7	企业的国际市场销售额是否呈上升趋势	是，则风险相对高
8	企业的国际市场区域是否逐渐扩大	是，则风险相对高
9	企业所涉产品的国际市场销售额是否呈上升趋势	是，则风险相对高
10	企业所涉产品的国际市场占有率是否较大	是，则风险相对高
11	企业在美国是否已申请或获取有关知识产权	否，则风险相对高
12	对方是否有产品销售	否，则风险相对高
13	双方是否存在协议或其他合作关系	是，则风险相对低
14	企业是否有可与对方交叉许可的知识产权	是，则风险相对低

影响因子的确定与风险概率的确定是一样的，应由决策人员和市场人员结合法务人员对结果给出预测，并通过该预测确定影响因子的数值。影响因子是非常个性化的数值，需要企业自行设定。

特别提示：如果在监控中发现与公司产品相同的企业正被"337 调查"，

此时启动的工作不应是风险评估,而应是应对流程。

（2）美国"337调查"风险规避工作。

- 开展时机:风险评估后确定要启动风险规避工作。
- 可选性:风险值大时必选。
- 工作流程:如图2所示。

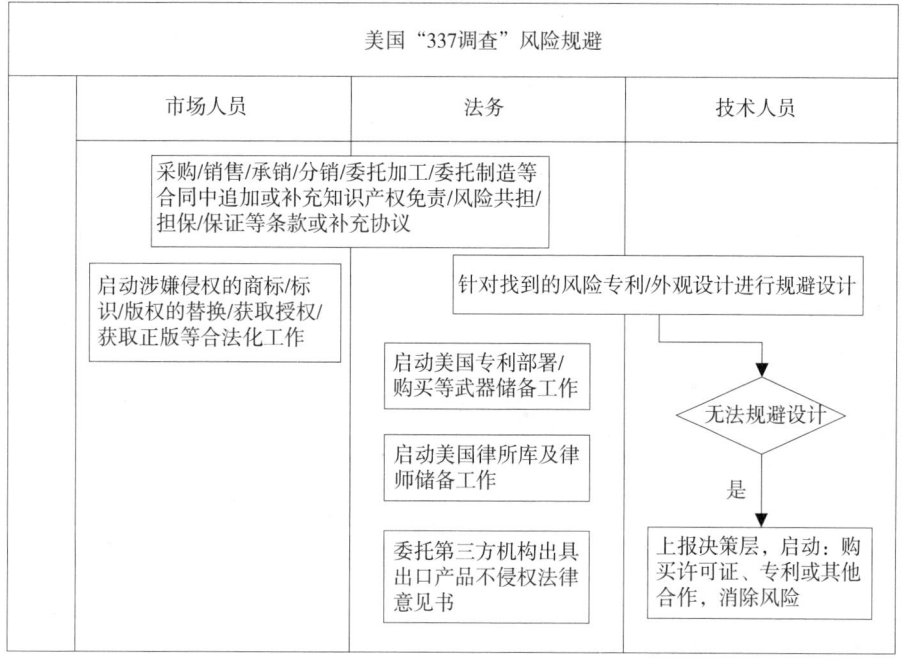

图2　美国"337调查"风险规避工作流程

1）商标、标识、版权的清查工作应由法务（或其他承担风险防控的职能部门/或外聘顾问）开启统一知识产权分析流程,包括下列人员和工作（该流程可外聘律师参与）:

➤ 文档设计人员:核查用户手册、产品手册等面向用户或公众的出版物、网站等载体上的所有标识/商标/图片/文字表格等高风险元素的来源。对过往核查有风险的、或有风险案例的元素纳入风险元素库,风险等级比较高的元素在未取得正式授权时一律不准使用。同时核查印刷/发行等合同中的知识产权条款,对于未规定风险归属的需要补充协议约定。

➤ 广告/公关人员:核查广告语、广告标识等是否有侵权风险。同时核查广告合同中的知识产权条款。

2）专利规避设计和美国专利申请建议聘请代理机构或顾问机构协助。此外，一旦确定需要提前清除障碍专利，可聘请律师在美国对该专利发起"双方复审程序（IPR）"等法律行动。

3）美国律所数据库应采用外部数据搜集/及时更新+自行评价相结合的方式，重点关注律所中具体办案的律师，尤其是有过丰富337案胜诉经验的律师，要对这些律师过往的案例、律师的作用和特点掌握清楚。企业可自行建立美国律所数据库，可参考 http://lawyers.martindale.com/marhub，该网站给出了美国律所的相关信息。也可参见《知识产权管理》杂志举办的全球知识产权律师事务所调查，网址为 http://www.managingip.com。

自行评价标准可参考表3。

表3 美国"337调查"美国律所评价标准

序号	信息点	定性判断
1	律师所学理科专业是否与企业相同或类似	是，则对企业更有利
2	律师是否有法律专业学习背景	是，则对企业更有利
3	律师是否有"337调查"案件处理经验	是，则对企业更有利
4	律师处理过的337案件中胜诉的比例	越高，则对企业更有利
5	律师处理的337案件技术领域是否与公司产品一致	是，则对企业更有利
6	律师有否有公司法律顾问的工作经验	是，则对企业更有利
7	律师是否有中国背景，对中国企业熟悉	是，则对企业更有利
8	律师是否有类似的中国客户	是，则对企业更有利
9	律师服务过的客户的经营规模	越大，则对企业更有利
10	律师的执业时间	越长，则对企业更有利
11	律师是否担任过法官、法官助理、仲裁员、专利审查员、有关行政部门的律师等	是，则对企业更有利
12	律师是否有知识产权审计、知识产权监控、知识产权许可、制定公司知识产权策略等经验	是，则对企业更有利
13	律师事务所的人员规模	越大，对企业更有利
14	律师事务所在美国的综合排名	越靠前，对企业更有利
15	律师事务所中掌握华语的专职律师数量	越多，对企业更有利
16	律师事务所服务的客户的经营规模	越大，对企业越有利
17	律师事务所是否专门从事知识产权服务	越专注，则对企业越有利

4）委托第三方中介机构出具出口美国的产品不侵犯知识产权法律意见书，第三方机构最好从评价过的律所/律师数据库中找。

5）风险规避的主动策略中可考虑引入／加入政府有关部门、行业协会等第三方，实现信息情报共享。有条件的企业可自行联合同行企业组建协会，专门针对"337调查"开展预警和应对工作。

2. 应对流程——调查中

（1）律师团队介入前工作。

- 开展时机：接到调查通知，或同行企业出口美国同样产品遭到调查时。
- 可选性：必选。
- 工作流程：如图3所示。

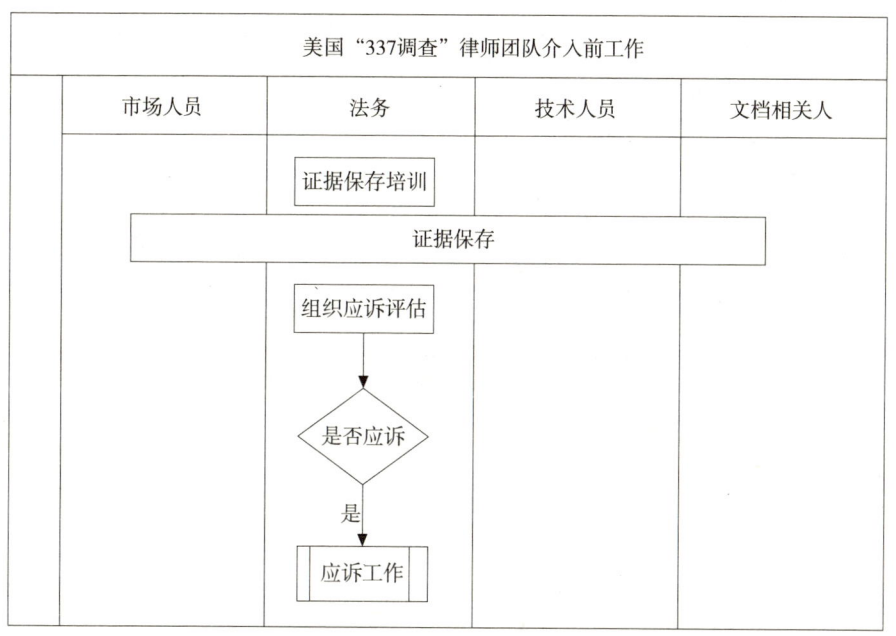

图3 美国"337调查"律师团队介入前工作流程

1）此阶段的证据主要包括：
➢ 所涉产品相关的产品手册、电子文档、内部邮件等原始材料。
➢ 与对方来往的函件、信件、数据电文（包括电报、电传、传真、电子交换数据和电子邮件）等可以有形地表现所载内容的材料。

2）证据会散落在各种职责人员手中，需要法务人员组织培训及整理，务必要培训。不允许擅自给对方反馈信息，需经法务审核；不允许擅自删除、损毁、修改证据，以保证证据的原始性。

3）应诉评估中需要考虑的因素。

➢ 应诉成本。"337调查"应诉费用中,律师费用一般在200万美元以上;即使以和解结案,一般也须花费100万美元左右的律师费,其他费用在30万美元左右。

➢ 不应诉后果。缺席应诉的被申请人,行政法官可以推定申请书中的事实成立并认定被申请人违反337条款,进而签发排除令阻止被申请人的产品进入美国市场。

➢ 如果不是被列明的被申请人,但被调查产品与公司的产品相同,要评估是否以第三方身份应诉。

特别提示:从近十年的统计数据看,90%的337案件涉及专利侵权,其中60%的案件以双方和解告终。

(2)律师团队介入后的应诉工作。

■ 开展时机:确定要应诉后。
■ 可选性:确定应诉必选。
■ 工作流程:如图4所示。

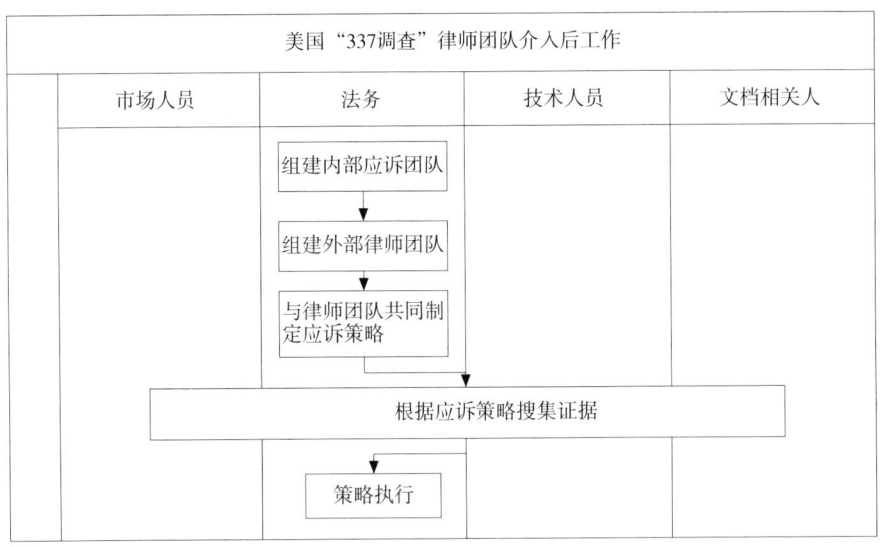

图4 美国"337调查"律师团队介入后工作流程

1)内部应诉团队宜采用项目管理团队模式,应包括以下几类角色。

➢ 决策人。全面决策费用、策略、人员等事宜,应选择有决策权的高管担任。

> 内部律师。由法务人员担任，负责组建外部律师团队、协调公司内部各类人员，推进案件进度。

> 专利分析人员。应由对被控技术深刻理解的技术人员担任，负责涉案专利解读、回答技术问题、协助专利分析等事宜。

> 证据相关人员。应由市场人员和相关行政人员担任，负责在案件过程中搜集和整理相关市场和文档证据。

2）外部律师团队的成员建议从预警流程中建立的律师库中选择，搭配合理的外部律师团队应该包括以下几类角色。

> 主管律师。应由一位专事从事"337调查"案件的诉讼律师担任。

> 专利律师。由一位精通涉案专利技术的专利律师担任，将内部团队的专利分析人员配备给其做助手和内部联络人。

> 中文律师。由熟悉中国企业、能够熟练使用中英文沟通的律师担任，负责团队间沟通。

特别提示：以上角色划分仅从职能上定义，职能间可以合并，例如主管律师和中文律师合并。

3）应诉策略包括：

① 媒体知会。

向外界发表声明，强烈表明自己的立场和相应行动：尊重对方知识产权，并且会积极应对该"337调查"。媒体发表声明后市场人员要及时传达给客户。

② 及时答辩。

抗辩包括以下一种或几种组合，视证据搜集和律师论证情况而定。

> 不侵权。分析出口产品是否侵犯申诉方专利，在团队内部一并考虑回避设计的可能性。

> 不适格。分析申诉方是否符合美国国内产业的定义（即ITC受理案件的"属人管辖权"）。

> 无效对方专利。针对申诉方的专利，进行详细检索并组织好无效攻击的论点。

> 专利不可实施。寻找授权过程中存在不正当行为、专利权滥用等证据，进行专利不可实施抗辩。

③ 程序性策略。

➢ 在联邦法院诉讼与"337调查"诉讼案并存的情况下，可以依据相关法律请求联邦法院诉讼中止。

➢ 通过即决裁定的动议来减少申诉方／行政法官施加的压力并降低风险。即决裁定的提议可以只针对主要争议，例如侵权不存在、专利的无效或不可执行、以及缺乏国内产业等。如果成功，即决裁定即将该专利撤出调查范围而不需要再举行最后的听证会。即使原告有难以反驳的侵权和专利有效的立场，上述专利也不列入委员会调查范围。被告能够将更多的时间对其余的专利在听证会上作进一步的陈述，就每个抗辩提供充分的证明。

➢ 反制性程序拖延策略，例如向申诉方提出大量的问题质询，促使对方主动延期回答，为我方争取搜集自主研发等证据、规避设计的时间。

④ 战略性策略。

➢ 商务合作对抗策略。在我国企业为外国主导厂商代工或者作为供货商时，游说同时为我国企业及申诉方的共同客户或产业上、下游客户来影响申诉方的诉讼策略，并寻求和解的机会，以便不影响我国企业对美国的出口；政府或协会的作用可一并考虑并利用。

➢ 反制策略。比如判断该申诉方是否侵犯我国企业的美国／或其他国家专利权，知会申诉方我们的反诉或者诉不正当竞争、垄断的可能性；并在考量该申诉方没有侵犯的情况下，寻求购买或许可等方式获得第三方专利及诉讼权利，以便制衡申诉方。

➢ 和解策略。一是尝试与原告达成不进口保证协议，而换取原告不再另行提起侵犯知识产权赔偿诉讼或同意已经进入美国市场的涉嫌侵权产品的继续销售，以将我国企业就侵犯美国知识产权人的行为而付出的代价降低到最小；二是就同一产品涉及侵犯多项知识产权的，与原告就其中的一项侵权调查达成不进口保证协议而换取原告不再就其他项知识产权主张而另行提起"337调查"，或者换取原告向ITC行政法官提出动议，以其已知被告已经停止生产和向美国进口被诉侵权的产品为由，终止针对其他知识产权而提起的"337调查"。

➢ 联盟／协会策略。其一，团结相关产业的我国企业集体应对，并通过建立应诉费用分摊机制，摊薄企业实际承担的应诉费用；其二，建立产业专利情报服务网，并以此为基础建设有效的联合预警机制。

4）相关证据包括以下几类：

- ➢ 企业知识产权权利证明材料。
- ➢ 企业相关产品研发记录等材料。
- ➢ 证明企业相关产品所涉技术信息来源合法的材料。
- ➢ 中立第三方出具的知识产权分析报告等。
- ➢ 企业制定的尊重他人知识产权的规章制度。
- ➢ 其他可以证明企业善意、企业有关产品并未侵权的材料。

3. 调查后流程——调查后

- ■ 开展时机："337调查"后或调查后期案件走向清晰。
- ■ 可选性：可选。
- ■ 工作流程：

（1）规避设计。

操作人：技术人员。

操作内容：在调查结束后，或调查中的证据开示期及后续期，都可开展规避设计工作，由技术人员根据专利的解读，找到规避的技术点，进行规避。同时，规避后的技术方案也要申请为专利。

（2）专利许可。

操作人：法务人员。

操作内容：与申请人开启谈判，寻求专利许可，避免后续的风险。

（3）专利储备。

操作人：法务人员和技术人员。

操作内容：在美国、欧洲、中国等地申请一定规模的专利，或通过专利交易中介组织购买一些对抗性的专利，避免后续风险。

（4）风险梳理。

操作人：法务人员。

操作内容：梳理在"337调查"过程中的证据风险、应对中的内部机制风险等，改善流程，避免后续风险。

(5）联盟及协会。

操作人：公司高管。

操作内容：参加或建立相关产业联盟或协会，制订长效的应对"337调查"的策略。

（二）内部能力模型建设

该部分内容实践性较强，不同企业又有不同的资源配套模型，因此各企业可根据自身具体情况有所选择。本指引给出的模式属于通用型模式。

值得注意的是，内部能力建设是解决知识产权风险问题最为稳妥且最为根本的措施。没有内部能力建设，不论掌握多少知识，还是建立多少流程，最终都会流于形式而无法获得实益。另外，内部能力建设并非仅指培训，还包括人员招聘、外部资源挑选与整合、流程再造和组织再造等。

1. 内部能力模型

内部能力模型参考见表4。

表4 美国"337调查"内部能力模型参考表

能力 角色	整体认知	战略动作	专利法律	证据搜集整理
决策高管	★★★	★★★	☆☆☆	★☆☆
法务	★★★	★★☆	★★★	★★★
技术人员	★☆☆	☆☆☆	★★☆	★★★
商务人员	★★☆	★☆☆	☆☆☆	★★★
文档相关人	☆☆☆	☆☆☆	☆☆☆	★★★

1）整体认知能力。是指对美国"337调查"的全面战略性认知能力，至少包括"337调查"的危害、"337调查"的大概程序及后果、产业内"337调查"的历史、"337调查"对经营的影响、公司内部应用什么样的资源模式和管理模式来防控"337调查"的风险。此能力可通过3~5课时的培训获得基本知识，通过案例观摩或公司内部实施防控管理落地来加强认知。

2）战略动作能力。是指通过商务、联盟等方式从战略层面防控"337调查"

的能力，至少包括有效参与/利用行业/产业协会的能力、运作企业联盟的能力、政府层面有效沟通/游说的能力等。此能力可通过 2~4 课时的案例培训获得基本知识。

3）知识产权法律能力。是指了解美国专利法律的基本概念能力，有初步的操作技能，至少包括"337 调查"所涉法律的基本概念、美国专利法的基本概念、专利的解读能力、专利检索能力、掌握基本的专利侵权判定概念、理解规避设计的概念和操作、理解专利无效/双方复审程序的概念和操作、了解美国法律体系及其运作。此能力对法务人员的要求会很高，针对技术人员主要是掌握专利解读、侵权概念和规避设计即可。企业在短期内无法拥有合格的法务人员时，可以借助外部咨询/律所力量。但技术人员需要自行培养，一般需要 10 课时以上的培训获得基本知识能力，通过 10 小时以上的实践活动获得基本实操能力。

4）证据搜集整理能力。是指根据律师的指示搜集/提供/保管相关证据的能力，该能力只能由企业内部人员掌握。可通过 2 课时左右的培训获得该能力。

内部能力简易分级见表 5。

表 5 美国"337 调查"内部能力简易分级表

能力级别	整体认知	战略动作	专利法律	证据搜集整理
★	"337 调查"的后果及危害	参与或创建应对联盟	专利法基本概念及专利解读能力	搜集及提供证据能力
★★	"337 调查"的程序及本产业历史案例	政府等公共资源利用	专利检索及侵权判定初步能力	保存证据能力
★★★	"337 调查"所需资源和应对方案	美国相关资源利用	专利规避及布局能力	规范化管理证据能力

其中，每项能力对应不同的培训和资源运作模式。例如，在"专利法律"能力中，能达到三星级的内部技术人员毕竟是少数，企业可通过聘请专利律师作为员工或研发项目顾问以提升到此级别，也可以通过猎聘相关企业中的关键人员来解决这个问题。一般而言，企业首先要确保的仍然是内部培训。

根据表 4 和表 5 所列内容，企业可制订不同角色的能力进阶图表，根据不同角色,制订培训计划。此外,该表可以转换为能力模型测评图表,用于企业招聘相关员工、选择咨询机构或进行内部测评。

以决策高管为例,角色能力进阶图如图5所示。

证据搜集整理	搜集及提供证据能力		
专利法律			
战略动作	参与或创建应对联盟	政府等公共资源利用	美国相关资源利用
整理认知	"337调查"的后果及危害	"337调查"的程序及本产业历史案例	"337调查"所需资源和应对方案
	初级 ★	中级 ★★	高级 ★★★

图5 美国"337调查"决策高管能力进阶图

以法务为例,该职位角色能力模型测评图(表)如表6所示。

表6 美国"337调查"法务角色能力模型测评表

项目	问题设计/考察内容	测评标尺
整体认知	谈谈对美国"337调查"的整体认识	每题为1分,1~2分为1星,3~4分为2星,5~6分为3星
	"337调查"包括哪几个关键程序	
	"337调查"的答辩期限/答辩事由/证据开示规则等	
	谈谈你参与过的"337调查"案例及你的具体工作	
	说明一下"337调查"的资源需求	
	说明一下"337调查"的具体执行方案	
战略动作	谈谈你对本产业的相关应对联盟的认识	每题为1分,1分为1星,2~3分为2星,4分为3星
	说明一下应对联盟的运作机制	
	谈谈你对"337调查"的政府资源的利用认识	
	谈谈"337调查"中美国资源的利用	

续表

项目	问题设计/考察内容	测评标尺
专利法律	美国专利基本概念的认知	每题为1分，1~2分为1星，3~4分为2星，5~6分为3星
	测试一篇本行业的美国专利阅读，找出其中的关键技术要点和技术构成	
	给出一个技术点的专利检索式及检索方案	
	给出一个本行业的专利侵权经典案例解读（测评其对于专利侵权标准的把握）	
	结合一个专利和涉嫌侵权的技术方案，给出你的规避方案	
	结合一个专利，给出围绕该专利的规避、阻截、谈判或其他商务对价的专利布局方案	
证据搜集	结合具体涉及专利的337案件，给出抗辩的证据清单及搜集方法	每题为1分，1分为1星，2~3分为2星，4分为3星
	谈谈你对应对"337调查"以及美国其他知识产权风险的证据保存建议或方案	
	谈谈你对各岗位（研发/商务/文档）相关文案的规范化管理的理解或方案	

法务能力测评雷达图如图6所示。

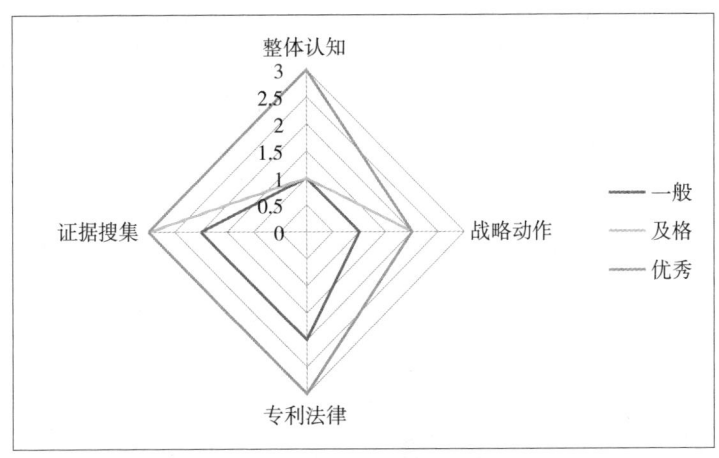

图6 美国"337调查"法务能力测评雷达图

2.利用内部能力模型开展组织及流程建设

如果企业决定要建立"337调查"防控管理机制，可采用如下流程建立：

1）通过自测或第三方机构检测自身的内部能力，形成内部能力检测报告，根据报告提示的问题展开相应的行动。

测评可通过挑选"核心岗位"而落地到员工个人，根据对员工个人的测评得到内部能力测评报告。

测评报告的结果模型简略对应下列动作：

➢ 决策高管测评不合格，法务及技术／商务／文档也不合格，此种情况为全面缺失。

➢ 决策高管测评合格，法务及技术／商务／文档不合格，此种情况为组织缺失。

➢ 决策高管测评合格，法务测评合格，技术／商务／文档不合格，此种情况为技能缺失。

➢ 决策高管测评不合格，法务及技术／商务／文档合格，此种情况为意识缺失。

其他情况可向这四种情况归纳。

一般来说，前三种情况居多，后一种情况较少见。

通常企业内部能力提升有三种途径：内部培训、招聘和寻找外部专业机构合作。企业为了节省成本，往往寄希望于与外部专业机构合作这一条途径。但经验表明，内部能力中的相当一部分能力不可能通过外部合作而获得，企业必须为此建立相应的流程、制度并为此提升相关人员的技能。例如，内部文档资料、研发日志保存等能力就只能在企业内部形成，并且有相应的流程保证。因此，不论是应对"337调查"，还是其他海外风险，企业需要做到的是整体的改变，而非局部的强化。

针对上述四种情况，对应表7所示的实施动作可用于提升企业内部能力。

表7 美国"337调查"内部能力测评表

	培训	组织建设	流程建设	外部合作
意识缺失	✓			
组织缺失	✓	✓	✓	
技能缺失	✓		✓	
全面缺失	✓	✓	✓	

2）根据测评，确定实施动作后，则可以着手制订工作规划，将该工作落实。

① 培训。一般而言，无论是何种缺失，培训都是必不可少的，但此种培训不同于随便去听几堂启蒙课，必须制订严格的培训计划，针对不同的角色

开展不同的培训课程。更为理想的是，将培训与岗位技能认证结合起来，确保不同岗位掌握各自的关键技能。

以技术人员岗位为例，可由浅入深设计如下课程：
- 美国专利基础知识；
- 美国专利阅读与分析；
- 美国专利检索入门；
- 美国专利侵权比对入门；
- 专利规避设计技巧及专利布局入门。

此外，只有培训是远远不够的，可以在研发流程中加入如下工作节点：
- 项目立项中的专利检索与侵权案例检索；
- 项目进行中的专利解读会议；
- 项目结项时的专利风险分析报告。

② 组织建设。组织建设中，最关键的岗位是法务和设置在研发部门的专利工程师。因为目前我国企业的研发人员很难有时间顾及专利事宜，将他们全部培养为专利行家是不可能的，最为稳妥的方式是在研发部门设置专利工程师岗位，起到承上启下的作用。

公司的人力资源部门可以通过上文中给出的角色能力测评图表制订相应的招聘计划和人才培养规划。

在组建知识产权组织之前，应了解知识产权机构的基本模式：

◆ 全内部模式。所有人全部设置在企业内部，从专利工程师到技术经理人全部职能都有。采用这种模式的前提是基础管理做的非常好，并且有非常好的培训资源和培训机制。优点是内部沟通顺畅，并且从一定角度上节省费用；缺点是管理难度太大，需要非常多的人员；对流程管控要求较高，而且技术稍一复杂就不适应。

◆ 全外包模式。几乎全部委托外部律所／代理所处理，内部仅设置联络人。优点是不需要设置专业人员，人力成本低，管理需求低。缺点是专利业务开展不完善，如果诉讼多，则成本急剧上升，大企业都不会采用这种模式。

◇ 内部加外包模式。在企业内部设置专利工程师、专利法务,而法律事务例如专利申请与获权、专利诉讼等则委托给外部律所。国内大多数中大型企业都采用这种模式,国外的公司基本都是这种模式。优点是分工明确,专业化程度高,问题处理及时明确。外部的专利律师和专利代理人保证了案件的质量,而内部的专利经理人则保证了管理顺畅和专利挖掘与布局,并能执行专利信息利用和风险预防职能。是目前绝大多数企业首选的模式。

知识产权机构的设置方式则主要包括以下几种:

◇ 法务主导模式。由法务部门来统一管理,这种模式下,一般专利工程师和专利管理者会混同,形成顺畅的职业通道,也有利于专业化。而且这种模式下,专利律师与专利工程师合作通畅,比较有利于知识产权案件的处理。一般适合以风险防控为主的企业。

◇ 技术—法务分置模式。法务部设专利律师,技术管理部门设专利管理部门管理专利资产。这种模式大部分脱胎于早些年与政府科技管理部门相对接的技术管理部管理模式。这种模式的优点是与技术部门联系紧密,但缺点也非常明显,很难完善法律技能,法律技能无法专业化。此外,在遇到知识产权诉讼时,律师由于缺乏与专利工程师的协同,很难有良好的效果。

◇ 知识产权管理独立模式。成立独立的知识产权部门,一般国外企业和非常重视知识产权的企业会采用这种模式,尤其是通过专利许可赢利的企业。这种模式下,专利从前期的挖掘获权,到后期的许可销售、维权、诉讼应对等一应俱全,容易专业化和职业化。缺点是与法务部门会有业务分割摩擦。

企业选择何种组织架构模式,与该企业的管理历史和现状相关,不论何种模式,只要适应企业现有管理方式即可。

除了建立专业团队外,企业还应在相关体系中,例如研发体系、商务体系中设立对应的职位和人员。

③ 流程建设。组织建设完成后,企业可着手建立相应的流程。流程建设

请参考前文，此处不再赘述。

④ 外部合作。应对美国"337 调查"，主要涉及以下几种外部资源：

- 律所；
- 行业或产业协会；
- 政府机构；
- 咨询机构。

律所是必不可少的，尤其是我国企业，直接与美国律所对接有时有语言及信息不对称的限制，很多企业通过聘请中国律所，再由与该中国律所建立合作关系的美国律所出面解决"337 调查"事宜。此种模式虽然有利于快速开展工作，却有诸多不利：例如该美国律所的资质、能力等，只能由中国律所来掌握，企业容易陷入盲从的地位，等到发现该美国律所能力不足时，往往事情已无法挽回。

政府机构和行业协会应该是资源输出池和咨询机构，但目前除了少数几个行业外，在尚未发生"337 调查"风险的行业中，这两类机构也比较缺乏能力。

咨询机构也有同样问题。

所以，在目前的情况下，企业稳妥的选择是：通过咨询机构、政府相关机构或行业协会掌握"337 调查"的美国资源，例如律所、律师、政府游说人等，再通过与甄选过的律所做一对一的接口，最好多选择几家，例如重要的州，每个州一家律所。如此部署，才会在发生 337 风险后及时找到对接的资源应对处理。

三、案例解读

（一）无汞碱性电池案

1. 案情简介

2003 年 4 月 28 日，美国劲量电池公司（Energizer Holding Inc.）与旗下生产电池的子公司 Eveready，分别对包括我国七家公司在内的 26 家美国境内外电池公司提起"337条款"调查申请，称其无汞碱性电池专利权受到侵害，要求ITC就此展开调查，并禁止这些企业生产的无汞碱锰电池进入美国市场。理由是这些公司或者进口或者销售进口的或／和进口后销售无汞碱性电池侵犯了申诉方公司的专利，专利号为US5464709号专利。

2003年6月2日ITC对无汞碱锰电池、组件及同类产品启动"337调查"。2004年6月2日，布洛克行政法官在初步裁定中认定申诉方劲量公司的第5464709号专利（简称709专利）是有效和可执行的，包括中国在内的电池生产商侵犯了申诉方的709专利，并且建议对包括中国大陆和中国香港地区在内的企业做出普遍排除令。2004年9月02日，中方代表律师向ITC提起上诉，要求对此案全面复审。

2004年10月4日，ITC对关于无汞碱锰电池专利侵权的"337调查"正式公布最终裁定，认定申诉方劲量公司709专利因不具备确定性而无效，该裁定变更了6月2日ITC的裁定，认定中国应诉企业不侵权。我国企业在调查阶段获得胜诉。2004年10月7日 劲量公司上诉至联邦巡回上诉法院，要求认定ITC裁决有误。2006年1月25日，美国联邦巡回上诉法院判决美国劲量公司的上诉失败，驳回劲量公司要求，判决ITC重新审理。

2006年4月，ITC初步确定重审程序，即要求原被诉方律师在限定时间内分别就上诉法院的裁决做出评估报告，并就ITC下一步裁决提出建议（包括调查应该如何进行，行政法官是否应该修改调查结果以及修改的程度），双方律师针对对方的评估报告提出评论意见。委员会将根据双方意见做出下一步安排。2007年2月23日，ITC对无汞碱性电池"337调查"一案做出重审裁定，裁定美国申诉方劲量公司专利无效，被诉方不侵权。这是ITC在同一案件中第二次做出确认我国企业不侵权的裁决，标志着我国企业应对无汞碱性电池"337调查"案取得完胜。2007年3月，申诉方劲量公司再次提出上诉，但没有提出任何新的观点。

2008年4月22日，美国联邦巡回上诉法院对美国劲量公司诉我国电池企业无汞碱锰电池专利侵权案件做出终审裁决，维持ITC的裁定，劲量"709号无汞碱锰电池专利"全部无效。

2. 案例分析

"337调查"主要针对的是我国出口的具有较大市场潜力和一定技术含量

的产品，国外竞争对手往往选择在这些企业出口尚未形成规模时提起调查，企图以高昂的诉讼成本迫使我国企业放弃或退出美国市场。诉讼费用高昂是我国企业面临"337调查"时最主要的问题，也是以往我国企业消极应诉的主要原因。由于国内缺乏相关人才，企业不得不聘请美国律师，每小时支付的费用往往高达数百美元。在337无汞碱性电池案中，我国应诉企业共支付各类费用达300多万美元。而诉讼成功的基础就是诉讼费用的分摊。在协会协调下，被诉企业按照企业规模和出口量分担费用；在本案中，最难得的是，部分没有被诉企业也积极参与，并分担了全部费用的30%。

此外，出口企业也增加了对美国知识产权制度的了解。一旦被诉，应联合国内企业积极应诉。积极应诉才是应有的态度，消极逃避必败无疑。知识产权与一般的财产权不同，对侵权的界定往往在于一线之间，极不确定，能够说理的空间很大，可能申诉方专利本身就有问题，可以申请无效。因此，企业在应诉过程中要勇于怀疑申诉方专利的有效性。

（二）爱普生墨盒案

1. 案情简介

2006年2月17日，日本爱普生公司及其位于美国波特兰和加利福尼亚的两家子公司向ITC提起申请，声称中、美、德、韩的24家公司进口到美国或者为进口而销售或进口后在美国国内销售的一些墨盒产品侵犯其9项关于喷墨打印机墨盒的专利（专利号分别为US5615957、US5622439、US5158377、US5221148、US5488401、US6502917、US6550902、US6955422和US7008053），并且对美国国内存在的或者正在建立的相关产业造成了破坏或者破坏的威胁，违反了"337条款"，要求ITC启动调查程序，发布普遍排除令和停止令。上述24家被诉人中一半是我国企业，其中包括珠海纳思达（Ninestar）电子科技有限公司和珠海格力磁电有限公司。

2006年3月16日，ITC指定中、美、德、韩的24家公司作为此次调查中的强制应诉方。2006年3月23日，ITC正式启动了调查程序，行政法官设定2007年6月25日为调查结束日期。2007年10月19日，ITC做出终审裁决判定涉案的爱普生专利有效，而调查所涉的珠海纳思达电子科技有限公司等 24 家公司所出售的墨盒产品侵犯了爱普生专利，被禁止进口及在美国市场销售。法庭还发出普遍排除令和停止令，要求所有进口商都不得将相关侵权产品进口和销售到美国。

2007 年 12 月 21 日，美国总统布什依据相关法律通过了 ITC 做出的终审裁决，法庭据此签发普遍排除令。

2. 案例分析

根据美国相关法律，"337 调查"一旦成立，涉案产品将被逐出美国市场；若 ITC 发出普遍排除令，同类产品则将永远失去进入美国市场的资格。该案结束后，我国多家墨盒厂商惨别美国市场，遭受重创。国内企业在该案中失利的主要原因包括以下几个方面：

1）国内墨盒生产企业缺乏自主专利。日本爱普生公司在墨盒方面申请了专利，尤其出墨方面更是核心专利。为了与爱普生打印机兼容，国内某些墨盒生产商就在自身产品中使用了爱普生的专利技术。这种墨盒对打印机的依赖，为专利侵权埋下了隐患，导致此次调查中，爱普生提出多达 9 条的侵权声明。而敢于应诉的珠海纳思达电子科技有限公司，正是因为其拥有在美国申请的墨盒专利，且能证明爱普生公司使用了纳思达的某项专利技术，所以该公司有勇气应诉，并希望与爱普生以专利交叉许可的方式和解。

2）国内墨盒生产企业缺乏应诉"337 调查"的经济实力。"337 调查"一般情况下持续时间超过 12 个月，如果被诉企业聘请美国律师，收费一般为每小时数百美元，而取证等阶段要花费数十万美元，到程序结束，总共花费一般为数百万美元，让我国企业望而却步。

本案中，爱普生公司身为世界 500 强企业之一，2005 年营业收入达 137 亿美元，而同年我国 200 多家耗材企业的出口额为 6 亿美元。如果应诉"337 调查"，就意味着每家企业要承担数百万美元的费用，这远远超过了企业在美国的销售利润。纳思达公司对此的看法是，即使短期内面临高昂的诉讼负担，但为了美国的未来市场，也必须应诉。这与企业的发展策略有关，如果只追求短期的利益而缺乏预见性，企业就会在面临"337 调查"时采取逃避策略，但却损害了整个行业。

3）缺乏墨盒行业协会的组织。行业协会一般是由多家企业自发建立的组织，不带行政色彩，在企业面临诉讼时，可组织企业统一应诉、聘请律师及专家等提供法律援助，从而为涉诉企业解决法律纠纷起到积极作用。

本案中，广东省商业联合会反倾销及"337调查"法律援助中心为墨盒企业提供了一定的指导与帮助。但是，国内墨盒企业并没有集中力量一致抗外，很多企业都放弃了应诉，最终只有珠海纳思达公司积极应诉。

（三）埃索拉覆铜板案件

1. 案情简介

覆铜板是做PCB的基本材料，常被称为基材。当它用于多层板生产时，也叫芯板（CORE）。自2006年以来，我国覆铜板工业的产量和产值均已达到了世界第一，2008年我国覆铜板产量占全球总产量的67.9%，成为全球最大的覆铜板制造、消费大国。近年来，我国覆铜板企业掌握了很多核心技术，很多产品打入了国际市场。在原材料制备技术、设备的制造技术等方面，均取得了很大突破。本案是近几十年来我国覆铜板业首次被卷入美国"337调查"案。美国埃索拉公司是美国最大的覆铜板生产厂家，在欧美、亚洲有多家大型覆铜板生产厂，其中在我国内地设有3家生产厂。

2008年10月，美国埃索拉股份有限公司向ITC提起"337调查"申请，声称包括广东生益科技股份有限公司在内的全球7家生产和在美销售覆铜板的企业的产品覆铜板和粘结片侵犯其3项美国专利。要求ITC对上述国外公司签发普遍排除令和禁止令。同年11月5日，ITC正式受理此案并展开调查。2008年12月8日，广东生益科技公司及其他被诉方提交请求ITC终止对广东生益科技公司进行调查动议和详细的证据说明，要求终止对414号专利的调查。2008年12月28日，广东生益科技公司收到ITC和美国埃索拉公司针对852号专利和885号专利的调查问卷，由此开始进入出庭前的双方相互质证和证据收集阶段。2009年1月9日，ITC行政法官发现美国埃索拉公司"没有提供任何事实依据"支持其指控广东生益科技公司侵犯其414号专利，从而终止了对该专利的"337调查"进程。美国埃索拉公司在2009年3月12日撤销了对广东生益科技公司的所有指控。

2009年4月16日，ITC行政法官初裁判定终止对广东生益科技公司的调查。初裁内容为："同意被申请方提出的终止关于414号专利调查的动议；同意申请方提出的基于和解协议而终止调查的联合动议"。2009年5月11日，ITC终裁决定"不再复审初裁结论"。本案最终以申请方主动提出撤诉，双方达成和解而结案。该案用时半年，最终美国埃索拉公司对被告广东生益科技公司无条件撤诉，不再复审。

2. 案例分析

当一个国家或地区的经济、技术高速发展且与美国贸易往来频繁时，是引发"337调查"最频繁的阶段。在覆铜板行业产品大部分出口到国外尤其是美国的情况下，很容易招致美国企业发起"337调查"。因此当某一行业或企业发展势头良好，且产品总体出口量显著增长时，要及时关注美国"337调查"的可能性，提前规划应对措施，对调查积极应对并选择合适的时机进行和解谈判，以最小可能的代价快速解决争议。

本案中，广东生益科技公司之所以能在短时间内解决争议，一定程度上得益于该企业具有一定的技术和专利储备，并具有良好的知识产权风险防范意识。因此企业在出口前重视检查，避免侵权风险不失为一种有效的风险防范策略。

（四）国际糖业巨头泰莱三氯蔗糖案件

1. 案情简介

三氯蔗糖是目前世界上最好的新一代无热量甜味剂，代表了当今世界甜味剂产品的最高水平，现已在全球80多个国家和地区被批准使用，其中市场需求量最大的是美国，年销量为1000多吨，约占世界市场的50%。近30年来，泰莱公司一直占据该行业的垄断地位，仅2007年销售额就高达34亿欧元。而对于我国企业来说，每年拥有价值30多亿元的国际市场份额。广东省食品工业研究所和广东广业清怡食品科技有限公司是世界第二家、中国首家成功研制和实现规模化生产三氯蔗糖的科研机构和生产企业，并获得国家发明专利，拥有自主知识产权。

2007年3月5日，泰莱公司向美国伊利诺伊州联邦地区法院起诉我国和美国的25家三氯蔗糖企业侵犯其5件专利权，其中包括我国14家三氯蔗糖生产企业。一个月后，泰莱公司以同样的理由，向ITC申请对这25家企业进行"337调查"。此次泰莱公司向 ITC 申请的救济措施是最严厉的永久性普遍排除令,即阻止向美国进口一切涉嫌侵权的三氯蔗糖及相关产品,而不管该产品的来源、生产厂家以及各方面是否在"337调查"中被提名。这就意味着在调查期间,美国之外的三氯蔗糖及下游产品将全部被排除在美国市场之外,尽管有的企业实际上可能并不侵权。

2007年5月,广东省食品工业研究所、牛塘化工公司与苏科瑞科技公司3家企业正式应诉;2007年7月,捷康公司向 ITC 主动申请加入被告行列,2007年8月15日 ITC 同意捷康公司主动加入此项"337调查案"。2007年8月,4家企业提交了应诉材料;9月,在香港举行了各方参加的听证会;10月,泰莱公司来华进行现场取证。2008年2月20日,ITC 开庭审理,同年9月23日做出初裁,国内应诉的4家企业胜诉。之后,泰莱公司不服裁决,向ITC 提起上诉。调查程序被推迟了9次之后,ITC 于2009年4月6日发布公告,同意行政法官的结论。2009年5月29日,原告方泰莱公司主动申请撤诉。捷康公司取得了主动加入"337调查"的胜利。然而,对没有参加应诉的其余11家我国三氯蔗糖企业,ITC 裁定其侵犯了泰莱公司的专利权。

2. 案例分析

按照"337调查"的程序规则,一旦在"337调查"中认定我国企业侵权,ITC 极有可能会向我国相关领域的企业发布排除令,禁止申请书中所列企业的侵权产品进入美国市场,或者不分来源禁止所有同类侵权产品的进入,甚至是包含侵权产品的下游产品以及上游的零部件产品。并且排除令没有确定的有效期,除非 ITC 认为侵权情形已不存在,否则排除令和禁止令可在涉案知识产权有效期内一直执行。这样,将对整个相关产业产生严重的影响,可能会导致该产业的相关产品失去美国市场,或者不得不为此支付高昂的许可费用。

因此在"337调查"中,企业即使没有被列入调查名单,也要随时关注本行业的"337调查"动态,根据企业自身情况,选择是否主动加入"337调查",以在诉讼和市场中占取主动地位。本案中捷康公司经过论证,权衡利弊,于2007年7月5日主动申请加入"337调查"。捷康此次主动加入"337调查"案历时近两年,耗资300多万美元,但直接换来了全球第二大三氯蔗糖供应商的市场地位和20年的市场通行证。被列入调查的另外11家国内企业因为没有应诉,按照美国法律,被缺席判决最终败诉,最终失去了美国市场。

第二章

海外知识产权诉讼风险的应对指引

第二章　海外知识产权诉讼风险的应对指引

　　我国企业竞争力不断提高，走出国门的步伐日益加快。我国企业技术创新能力的提高及自主知识产权的逐步建立，给国际竞争对手带来了很大压力。随着对外贸易的频繁，随之而来的是日益增多的知识产权诉讼，给我国企业带来了巨大的压力和威胁。面对频繁的海外知识产权诉讼，我国企业在应诉过程中缺乏经验和技巧，严重影响了企业的海外发展。

　　本章旨在帮助我国企业了解海外知识产权诉讼风险内容，为企业提供一套可供参考的实务操作手册，指导企业在内部建立海外知识产权诉讼风险防范体系和在发生诉讼时有效应对的管理方案。

　　由于海外知识产权诉讼的发生地大多集中在欧美，因此，本指引以美国为主欧洲为辅来设计上述管理体系。

一、知识速查

（一）海外知识产权诉讼风险分类

海外知识产权诉讼风险分类可按不同维度来分析，这样更容易分析出不同维度所针对的问题点。

1. 以对手采用的进攻方式为划分标准

（1）诉讼风险　即对手采用诉讼手段来达到目的。

（2）行政扣押风险　即对手以侵犯其知识产权为理由要求行政机关，例如海关边境执法机构、地方政府知识产权保护执法机构等，利用行政职权对企业货物进行扣押，进而展开行政调查。

（3）私人手段风险（协商）　即对手不借助司法或行政手段，而是自己采用商务手段，例如去企业客户那里递"黑材料"，宣扬企业在知识产权许可上的态度等，给客户造成风险压力，进而使企业市场丢单。

上述这三类风险虽然看似不同，其实属于一个事务不同的三个层面，这三种风险都可以互相转化，如图7所示。

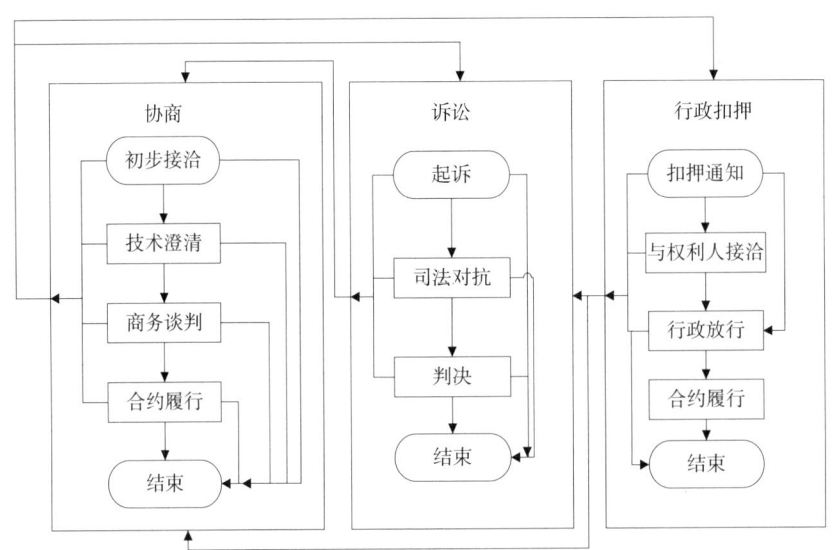

图 7　以对手采用的进攻方式为划分标准的风险关系

2. 以启动风险的主体为划分标准

（1）竞争对手型风险　即启动风险的主体是企业的竞争对手。

（2）客户型风险　即启动风险或风险传导者是企业的客户。

（3）知识产权经营者（即 NPEs）型风险　即启动风险的是知识产权经营者，又可以细分为：

➢ 专利池型 NPE：即由几家专利权人将专利聚集起来交由一家第三方机构运营该组专利或专利组合。

➢ 专利积聚型 NPE：即由一家机构从各处购买来专利运营，与专利池型不同，该机构是实际上的专利权人，而非专利池型的仅是管理人角色。

➢ 专利保镖型 NPE：由多家企业联合创办的保护性组织，负责收集专利用于为创办者提供反诉支持。

➢ 专利军武库型 NPE：即表面看来与专利积聚型的机构相同，但此型的 NPE 常处于保守状态，不会积极进攻别人，只是在有人需要从他这里买专利用于防御时才会卖给别人。

➢ 实体企业转化型 NPE：由实体企业转化而来。

➢ 综合型 NPE：特征不明。

（4）个人型风险　以个人的身份启动风险。

3. 以对方的最终目的为划分标准

（1）许可证收益型风险　此类风险的发起者，将企业视为其知识产权贸易的 B—B 客户，其目的是从企业收取许可费用。此类风险的特点是索价不会高得离谱，有谈判的回落空间，且诉讼（谈判）请求仅为要求支付许可费，会非常有耐心地参与多轮谈判。

（2）市场障碍型风险　此类风险发起者的目的是将企业从某一区域内的产品市场上挤走。一般这一类型风险的发起者都是企业的竞争对手，其特点是诉讼请求以禁令为主，索价也高的离谱，且无回落空间，诉讼的客体类型也不限于专利，包括商标、版权或商业秘密都可能纳入诉讼中。

4. 以产业的专利发展形式为划分标准

（1）垄断式　以传统的制药和化学产业为代表，该类产业由于技术研发成本相当高昂，因此对知识产权保护非常重视，而且一般不会索要许可费，而是直接申请禁令。因此,该类型风险应以规避策略为主,不能谋求许可(除非该国有强制许可制度,并且案件符合强制许可规定)。

(2)竞争创新式　以商业方法专利为代表,该类产业集中在银行和现代服务业(例如大型电子商务等),专利一般以软件专利为主。该类产业并不谋求许可费,而是通过专利独占某种商业方法,因此案件多以禁令诉求为主。

(3)累积创新式　以软件产业为主,该类产业专利量大,且能覆盖好几代产品,多以竞争性布局作为策略手段。

(4)反公地式　以DNA技术和生物技术为主,该类产业后入者面临多重收费局面,成本较高。

(5)专利丛林式　以半导体及其下游产业,例如电信、通讯、IT等产业为主,也是专利诉讼最为密集的产业。该产业专利众多,专利贸易模式多样,专利战此起彼伏,是专利风险最为集中的产业。如果企业处于该产业,专利风险几乎是不可避免。

(二)海外知识产权诉讼风险防范的内部制度基本原则

1. 必要性原则

必要性原则包括两个子原则:地域必要性原则和产品必要性原则。例如,知识产权风险主要发生在欧美市场上,所以知识产权风险的控制对象是销往欧美或即将销往欧美的产品。此外,由于欧美国家对途经其国家的产品也有司法管辖权,故还需要加上途经地为欧美的产品。这是地域必要性原则。而对于这些产品,要按照公司和行业历史上发生的诉讼和许可案例确定重点风险产品、重点风险技术领域和重点攻击对手。这是产品必要性原则。

必要性原则是用来指导合理分配资源的,对重点风险重点关注,秉持"2-8原则",将80%的资源放置在风险最高的20%的产品上去。

2. 前端性原则

前端性原则是指风险控制要集中在前端,即规划阶段。在市场端的产品规划中进行规避要远比在销售端采取应急措施应对有效的多。在市场端、研发端、采购端的前端环节中,预测能力非常重要,因此有必要建设风险概率预测模型，用以指导预测。

前端性原则的"前端"并非仅指市场前端，而是指风险输入的前端。例如：在产品规划中，对于由供应商负责的技术方案并不考虑其知识产权风险，而是仅考虑自己开发的技术方案的风险，那么对于供应商技术方案风险的前端实际上就是采购端。

前端性原则主要用来指导风险控制点嵌入的位置问题。

3.商务主导性原则

风险控制点的嵌入必然要涉及管理权限问题。在这一问题上，专业人士（例如律师或法务）和决策经理之间的权限划分至关重要。从法务的职能定位而言，对于风险概率非常高的事件应被授予职能否决权，而对于风险概率偏低的事件，法务只需负参谋权限即可，由商务决策者参考决策。

商务主导性原则主要用来指导具体管理动作设计时的权限划分问题。

二、流程指引

企业在海外市场拓展中，知识产权诉讼的风险会随时发生。企业不仅要建立海外知识产权诉讼的应对体系，还应在知识产权诉讼出现前通过日常防控体系控制知识产权诉讼风险。

因此，针对海外知识产权诉讼，企业应从两大部分构建流程体系：第一部分是指导企业如何在内部建立海外知识产权风险预防机制，为此引入了"企业全价值链环节嵌入知识产权风险防控点"工具，并给出企业为设立这一体系的分析过程和分析工具；第二部分指导企业在遇到知识产权诉讼时的应对方案，以美国为目标蓝本，指导企业建立相应的应对方案。

（一）预防流程

1.海外知识产权诉讼风险分析工作

进行海外知识产权诉讼风险分析时，建立合适的分析模型非常必要。本指引给出参考分析模型,各企业可根据自身特点参考该模型重新制订。如果与自身企业较匹配,则可以直接使用。

该分析模型当先采用搜集企业自身历史上发生的海外知识产权诉讼事件或其他与自身企业相类似的企业所发生的诉讼事件,通过分析这些事件得出自身企业的海外知识产权诉讼风险类型分类,并分析出一些规律,用于后续的策略制订。

企业根据前文海外知识产权诉讼风险的分类,深入剖析企业面临的海外知识产权诉讼风险情况,并针对每种风险设定初步的策略点,见表8。

表8 海外知识产权诉讼风险策略点

风险分类根据	风险类型	防范及应对的策略点及重点
进攻方式	诉讼风险	律所及律师选择、反应迅速
	行政扣押风险	律所及律师选择、反应迅速
	私人手段风险	谈判跟进、拖延
启动风险的主体	竞争对手型	长期斗争的准备、利用商业策略、拖延
	客户型	合作型商业策略
	专利池型 NPE	准备许可金、谈判、无效
	专利积聚型 NPE	准备许可金、谈判、无效
	专利保镖型 NPE	加入阵营
	专利军武库型 NPE	合作型商业策略
	实体企业转化型 NPE	准备许可金、谈判、无效
	综合型 NPE	准备许可金、谈判、无效
	个人型	无效、拖延
对方的最终目的	许可证收益型	许可金储备制度
	市场障碍型	对等打击
产业的专利竞争态势	垄断式	撤退式策略、预防为主
	竞争创新式	无效、拖延
	累积创新式	许可金储备制度
	反公地式	无效、拖延
	专利丛林式	许可金储备制度、标准、专利军备、提前创新

表8仅仅是在初步分析中确定的策略,并不全面,需要在后续的具体方案制定中不断完善,这里只是给出了部分策略方向。

2. 内部数据情报的聚类分析

在做分类的同时，最好做一些聚类分析，例如案件风险主体来源分析、进攻类型分析、NPEs类型聚类分析、所涉产品聚类分析、所涉技术聚类分析、案件运行阶段聚类分析等，这些数据分析有助于评估管理投入和策略重点。本指引给出几个示例。

例如：海外知识产权诉讼内部数据所涉技术聚类分析图如图8所示。

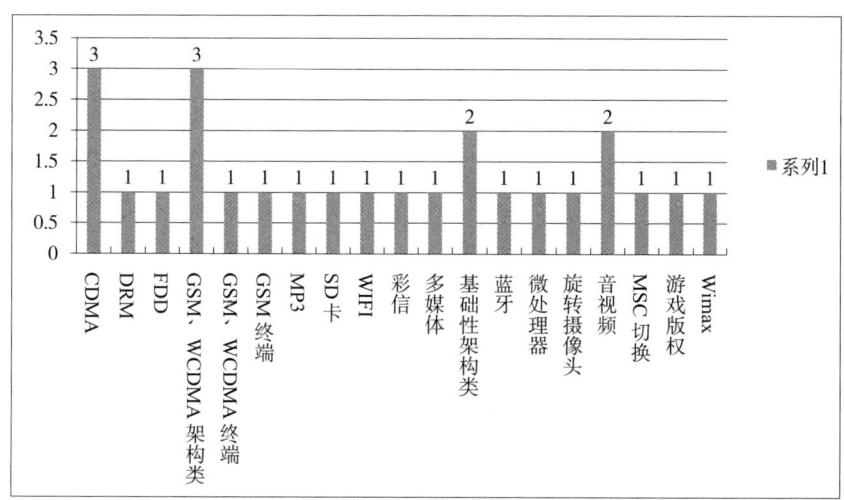

图8　海外知识产权诉讼内部数据所涉技术聚类分析图

再如，海外知识产权诉讼案件运行阶段分析图如图9所示。

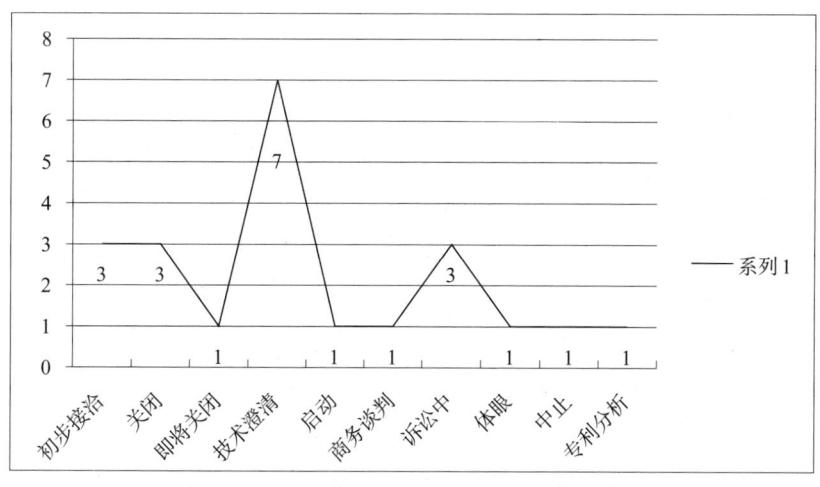

图9　海外知识产权诉讼案件运行阶段分析图

企业管理者可以按照自身企业所发生的案件或竞争对手发生的案件情报，进行上述分析。

3. 制定海外知识产权诉讼风险防范的内部制度原则

在上述分析后，得到初步的策略点和资源投入估算后，企业管理者应进入第二阶段：为海外知识产权诉讼风险防范管理制度制订内部原则。因为任何制度在企业内部运行时都会遇到各种矛盾，制订这些原则后就可以在遇到矛盾时有章可循，避免因遇到障碍就放弃。

企业管理者制定海外知识产权诉讼风险规范的内部制度原则时，不仅需要确立具有普适性的基本原则（如前文所列举的三个基本原则），还需要根据具体案件需要确立其他辅助性原则。

4. 主价值链防控点嵌入

知识产权风险在某些产业虽然不可避免，但可以通过精细的内部控制手段使风险降到最低，这就是风险防控的真正意义。因此，知识产权风险控制的目标并非是完全消灭知识产权风险，而是使风险成为可控的对象，使其成为可预测、可规避、可减轻、可转移、可接受的风险对象，不致影响到企业的正常经营。从风险的二维属性——概率性和影响性来看，知识产权风险控制的目标是降低其发生的概率、减轻风险的影响使其成为可接受的风险。

（1）风险敞口分析。

一种产品需要经过五个内部供应链环节才能最终到达用户处，如图10所示。在这五个环节中，市场和研发是产品的定型阶段，采购和设计生产是产品的实际制造阶段，销售是产品的价值萃取阶段。在市场环节中，风险的敞口主要来自于产品规划和技术规划，如果没有经过知识产权风险分析阶段，在没有知识产权报告的基础上做出的规划，往往暗含有很多知识产权风险。

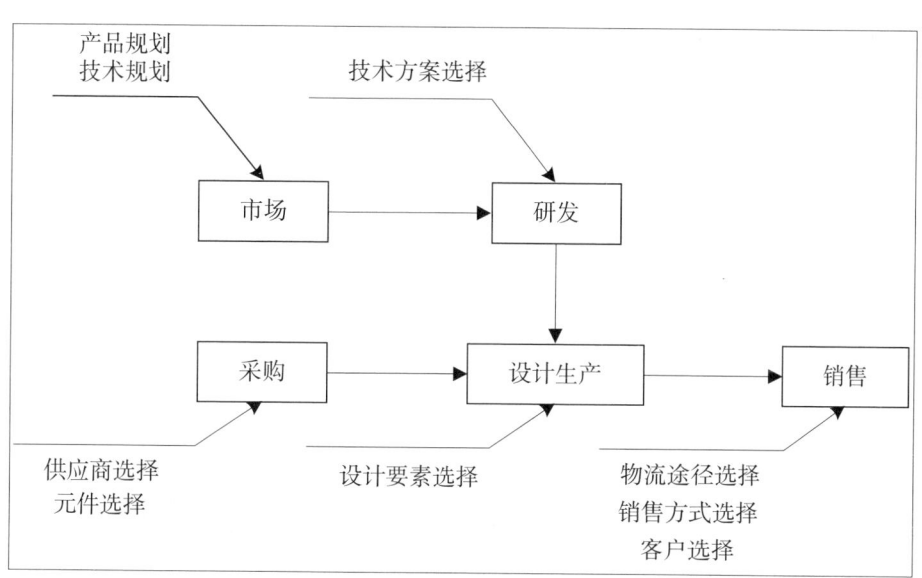

图 10　产品内部供应链环节

研发环节的风险敞口是技术方案选择，此时的关键活动是对重要技术方案进行专利检索。在市场环节可以找出重点攻击者、重点风险技术领域、重点攻击专利等，在研发环节则需在此基础上对重要技术方案进行更细致的风险排查，并通过运用规避策略进行事前风险控制。此外，在研发环节的输出中，有产品定型方案，而在产品定型中，包括对元件和元件供应商的选择建议，此处应避免建议有重大风险的供应商。

采购环节的风险敞口是元件选择和元件供应商选择，主要通过对供应商的风险控制，扼住风险的导入。在供应商认证、招标、谈判中嵌入控制分值，对重大风险供应商采取高值担保或一票否决制。

设计生产环节的风险敞口是设计要素选择，包括标识设计、技术文档设计、用户界面设计等，这些设计要素的选择极有可能涉及商标、版权以及认证等问题，通过对重点风险设计要素的监控，达到风险控制的目的。

销售环节的风险敞口主要包括物流途径选择、销售方式选择和客户选择。对于销售而言，在销售环节自生的风险已经很少，但销售环节是风险感知端，前端供应链的风险将累积到销售端集中爆发。因此,对于销售环节的风险控制，重点不在于控制，而在于服务，提供风险防控的培训服务和拿单时的解释说明辅助等服务。

综上所述，只有在整个供应链中嵌入多个风险控制点，才可能将知识产权风险从敞口模型（风险不可控）转变为闭口模型（风险可控），如图11所示。

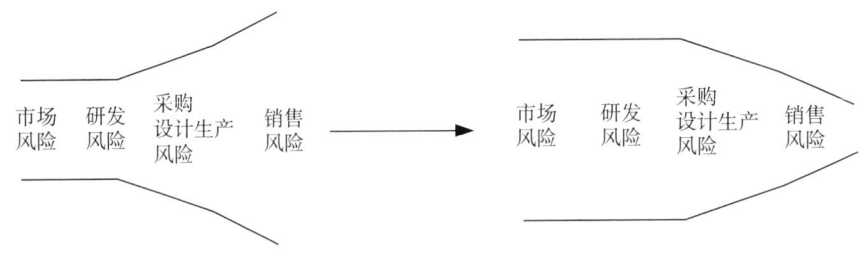

图11 供应链中知识产权风险转变

可见，通过有效的流程嵌入虽然不能将风险完全规避掉，但可以使风险敞口变小，变成可接受的风险。这就是知识产权诉讼风险防控的真正目标。

（2）主价值链各节点策略点部署。

在作完风险敞口分析后，要输出策略点及策略输出点报告表，见表9。

表9 海外知识产权诉讼主价值链输出策略点及策略输出点报告表

内部环节	风险流程点	风险表现	控制策略	策略失效点
市场	产品规划	高风险销售地区选择；高风险产品选择	情报策略——风险对手、对象定位； 对冲策略——知识产权布局	标准已定，无法对冲
	技术规划	高风险技术选择	规避策略——技术方案规避； 改进包围策略——对现有技术； 改进并部署知识产权进行包围，也属于知识产权布局	标准已定，无法加入新的技术方案
研发	技术方案选择	高风险技术方案选择	规避策略——技术方案规避	标准已定，无法加入新的技术方案
采购	供应商选择	选择了高风险供应商	转移策略——通过商务合同转移	垄断供应，无法转移
	元件选择	选择了高风险元器件	转移策略——通过商务合同转移； 替代策略——选择替代元件	垄断供应
生产设计	设计要素选择	选择了高风险设计标识	替代策略——选择可替代标识； 接受策略——接受许可	不可替代高额许可费

续表

内部环节	风险流程点	风险表现	控制策略	策略失效点
销售	物流途径选择	销售目标高风险地区或途径高风险地区	替代策略——物流途径多选，错过高风险地区	销售战略，替代成本太高
	销售方式选择	B—B 选择了高风险客户；B—C 使产品侵权可视度高	减轻策略——销售合同中轻承诺；接受策略——接受许可	乙方弱势地位实现不了轻承诺高额许可费
	客户选择	选择了高风险客户	替代策略——选择低风险客户	销售战略

（3）具体管理方案在价值链节点上的嵌入。

在选定策略后，先要规划出各环节的重点突破口，不可贪多，每次在每个节点上最好只嵌入一个关键管理方案，例如如图 12 所示的选择。

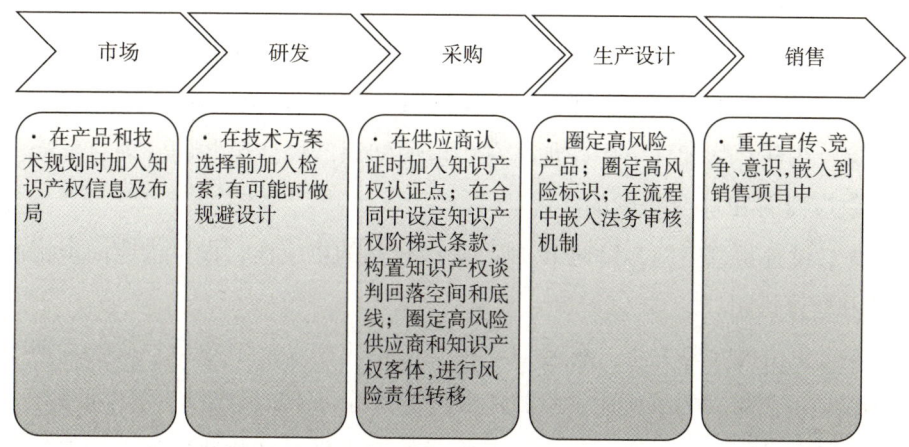

图 12　具体管理方案在价值链节点上的嵌入

接下来则是在具体的每个节点上设计详细的嵌入方案，本指引给出在采购环节的一个例案，如图 13 所示。

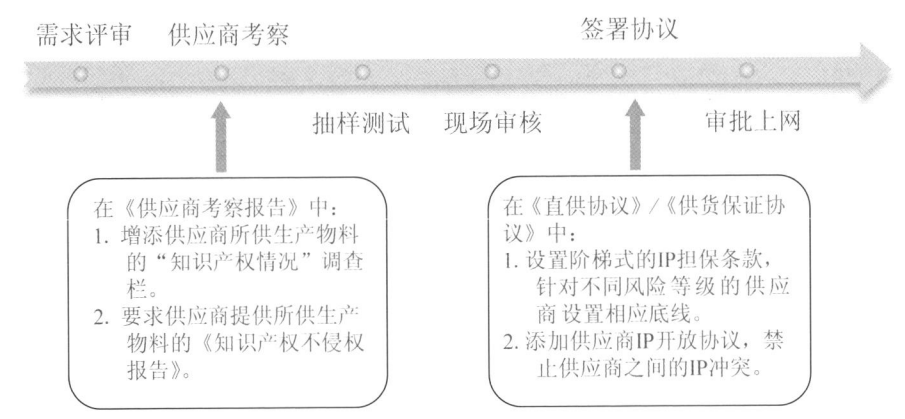

图 13　具体管理方案在采购环节上的嵌入

因为每家企业各自的内部流程并不相同,企业管理者应该根据自身实际情况参考该案例具体设计本企业的各个节点知识产权风险防控管理方案。

(4) 详细化各节点管理方案。

在完成初步的管理方案嵌入后,将各节点的管理方案细化,进行深度嵌入。以上述采购环节的供应商管理工作流程为例,详细嵌入包括以下方案:

➢ 在日常管理环节中,加入"供应商知识产权情况"的管理,推动已认证供应商的 IP 担保条款的签署。

➢ 设置紧急措施,针对 IP 风险等级较高的供应商,设置供应商资格的取消和暂停机制。

➢ 突出风险要关注,圈定 TOP10 风险供应商以及 TOP20 风险物料所涉及的供应商名单,要求所述供应商提供所供物料的《知识产权不侵权报告》。

➢ 在供货的选型测试阶段,要求供应商提供所涉物料的《知识产权不侵权报告》,并签署《知识产权担保承诺》框架性条款,适用到日后签署的商用协议中,这样就从源头控制了风险输入。

(5) 管理方案的具体落实。

管理方案设计完成并纳入公司流程后,各岗位员工的技能培训、流程环节的公司内部说明等事项需要具体推进,才能使管理方案真正能发挥实效。

在这些管理方案中,像在合同的模板中加入增加的条款是容易的,但具体合同签署时的谈判又是困难的。这类管理问题会层出不穷。所以,管理方案的具体落实取决于两个层面：第一就是高层领导的表态；第二就是实际操作中员工的技能。例如，谈判时如果没有公司律师参与，很多条款可能就会被商务人员忽略，因此，在设计合同模板和谈判策略时，公司法务最好设计红线制度：有一些条款遇到某些客户或供应商时是红线，不能修改，更不能删除。并为此设计惩罚机制。

最后，形成的海外知识产权诉讼管理方案闭环如图14所示。

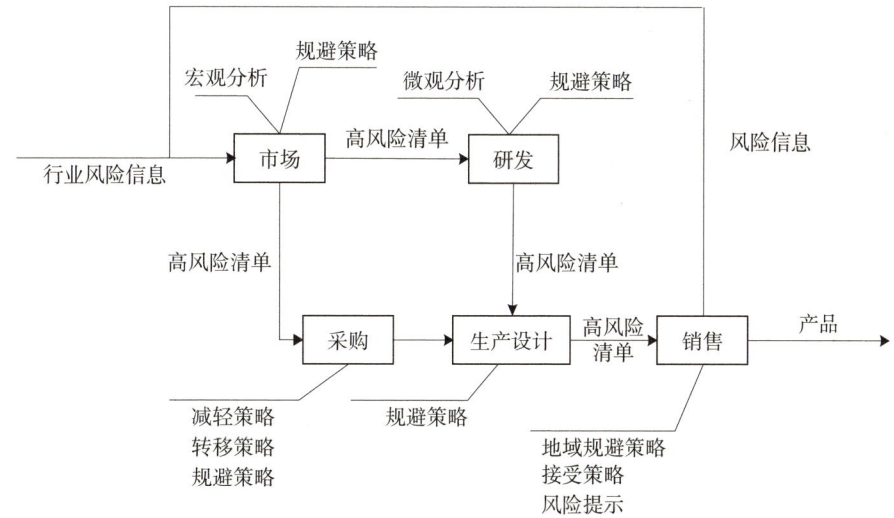

图14 海外知识产权诉讼管理方案闭环图

在具体方案落实时，前期分析得到的一些策略可灵活运用，这是因为有些策略是在风险应对时才用到的，属于突发事件的紧急策略，而不是用在日常防范中的。并且，有一些策略并不在主价值链中，例如诉讼风险准备金制度，应该放在财务环节，员工的竞业禁止制度应该放在人事环节，而这两个环节都不在主价值链中。但这并不意味着这些环节没有应用策略，请参考本指导手册的企业管理者掌握这一指导思想，并根据企业具体情况落实某些重要的策略。

（二）应对流程

与预防流程相比，应对体系在流程层面的设计较容易，主要集中在法务

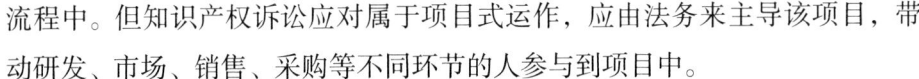

流程中。但知识产权诉讼应对属于项目式运作,应由法务来主导该项目,带动研发、市场、销售、采购等不同环节的人参与到项目中。

1. 项目立项阶段

在案件得到确认后,进入项目立项阶段,做如下调查分析:

(1)搜集情报判断对方的态势 企业管理者可从对方类型、攻击类型、IPR 覆盖、对方风格、对方意愿五个方面搜集情报,分析对方的态势,以为之后应对决策提供指引,见表 10。

表 10 海外知识产权诉讼对方态势分析列表

对方类型	产品—专利运营型
	纯专利运营型
	联盟专利池
	综合许可证经营型
	其他型
攻击类型	卖许可证(剪羊毛)
	竞争打击(杀羊)
IPR 覆盖	我司产品
	供应商产品
	客户产品
对方风格	绝少诉讼(温柔型)
	偶尔诉讼
	频繁诉讼(强暴型)
	行政扣押
对方意愿	志在必得
	搂草打兔子
	试探一下

(2)审时度势确定策略原则和主要战略行动 根据对方所表现的诉讼态势,针对对方行为制定相应的应对策略原则,并做出相关战略行动对策,详

见表11。

表11 海外知识产权诉讼应对策略原则和主要战略行动

项目	分类	对应的策略原则	对应的主要战略行动
对方类型	产品—专利运营型	争取交叉许可	准备相应的 patent portfolio
	纯专利运营型	最低成本支出	议价
	联盟专利池	加盟，团购	外交
	综合许可经营型	最低成本支出	议价
攻击类型	卖许可证（剪羊毛）	参考采购商务模式	议价
	竞争打击（杀羊）	参考市场竞争模式	综合竞争手段
IPR 覆盖	我司产品	规避设计	规避设计
	供应商产品	风险转嫁	供应商外交
	客户产品	客户公关	客户外交
对方风格	绝少诉讼（温柔型）	拖延战术	拖延
	偶尔诉讼	拖延+接触	拖延+情报
	频繁诉讼（强暴型）	律师储备	律所储备与服务采购
	行政扣押	律师储备	律所储备与服务采购
对方意愿	志在必得	谨慎对待	寻找对方的弱点
	搂草打兔子	展示实力（可以夸张）	说服
	试探一下	拒绝+展示实力	说服

（3）制定粗略的应对策略 确定策略原则和主要战略行动后即可制定粗略的应对策略，本指引列举了 8 项在实际操作中可能存在的情况，并做出策略指引，见表12。

表12 海外知识产权诉讼策略指引

主体不适格	采用销售地独立公司，规避总公司受牵连，适用美国的 dismiss 程序等
客体不适格	提供不侵权说明，或者进行规避设计
客体缺陷	无效其专利，寻找其专利价值损失的理由（如已许可过多人等）
压价	权利类型、许可地域范围、被许可产品范围、许可权利分割、交付、审计、费率等商务要素都可以拿来谈判
行业层面	国内行业组建联盟团购或集体对抗
国家层面	技术引进的限制，反垄断等
拖延战术	此战术要谨慎使用，需要咨询律师
反制	同态报复（反诉、扣押、许可），非同态报复（可以打击对方市场的报复手段）

（4）指定风险结构的得失表供决策者使用 表13 为海外知识产权诉讼风

险结果得失表，针对案件应对的不同结果，企业将受到不同程度的影响，为管理者衡量诉讼案件得失提供参考。

表13　海外知识产权诉讼风险结果得失表

结果	得	失
对方主动撤退	风险暂时消除	1. 后续可能会来 2. 很可能对方的许可证确实是我们现在或将来需要的，而没有购买则错失良机
协商后达成许可	1. 获得许可证 2. 部分风险消除	1. 成本支出，影响低成本策略 2. 造成示范效应，引来其他经营公司
诉讼后达成许可	1. 获得许可证 2. 部分风险消除 3. 锻炼了海外诉讼应对队伍	1. 成本支出，影响低成本策略 2. 造成示范效应，引起其他诉讼 3. 被媒体曝光，影响市场信誉 4. 管理者和员工要出庭作证，人力成本支出
行政扣押后达成许可	1. 获得许可证 2. 部分风险消除 3. 锻炼了海外行政应对队伍	1. 成本支出，影响低成本策略 2. 造成示范效应 3. 被媒体曝光，影响市场信誉 4. 交付不能，导致市场开拓受阻
诉讼后败诉	1. 向市场传达了强硬形象信息 2. 获得了教训，锻炼了队伍	1. 高额赔偿金或许可费 2. 高额律师费 3. 被驱逐出市场 4. 被媒体曝光，影响市场信誉 5. 管理者和员工要出庭作证，人力成本支出
诉讼后胜诉	1. 向市场传达了强硬形象信息 2. 被媒体曝光，提升市场信誉 3. 提升客户的信心 4. 不用花许可费 5. 锻炼了队伍	1. 高额律师费 2. 管理者和员工要出庭作证，人力成本支出
达成交叉许可	1. 既获得了许可证，又不用花太多钱，甚至可以反赚钱 2. 可以检验IPR储备的价值 3. 提升客户信心和市场信誉	1. 成本支出 2. 许可证支出

2. 项目运行阶段

下面以美国专利诉讼风险为例，给出运行阶段的主要工作：

（1）准备与诉讼相关的各种图表　美国与国内相比有着差异较大的诉讼司法体系，如图15所示。

第二章 海外知识产权诉讼风险的应对指引

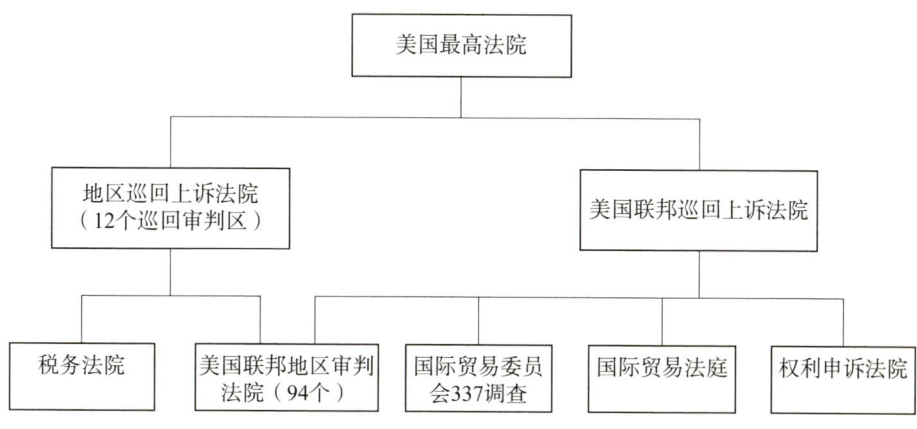

图 15 美国司法体系图

美国专利诉讼主要包括诉前警告、提起诉讼请求、调查取证、马克曼听证（权利要求解释听证）、审前动议、审理等主要程序。美国专利诉讼流程图如图 16 所示。

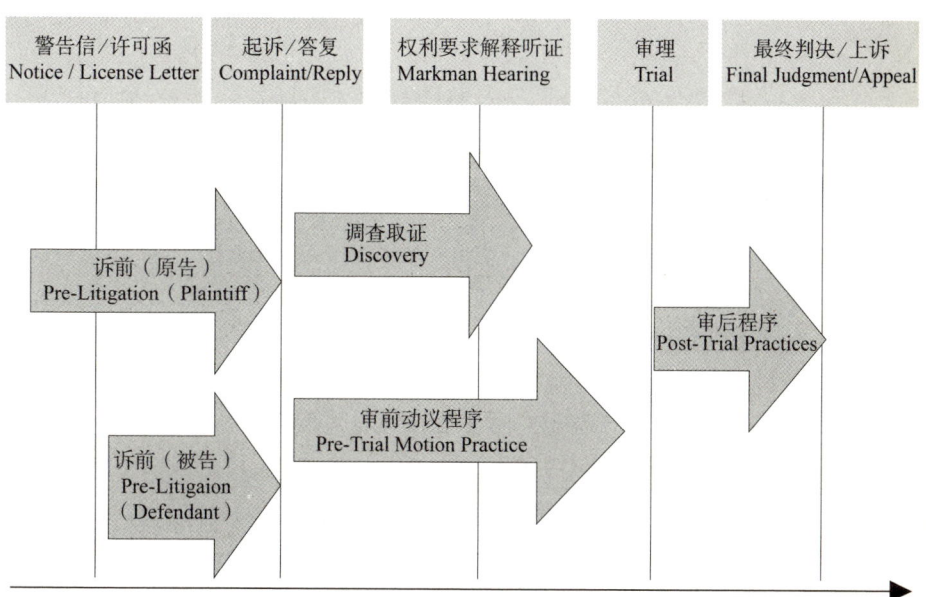

图 16 美国专利诉讼基本流程图

企业向美国专利商标局提起专利无效请求，具体包括单方复审程序、双方复议程序和授权后复议程序三种方式，详见表 14。

59

表14　美国专利商标局专利无效表

	单方复审（EPR）	双方复议（IPR）	授权后复议（PGR）
请求人	权利人、第三方、专利局	三方，需要明示所有利害人关系	
请求人是否可以匿名	是	否	否
	单方复审可以选择保密请求人身份，而复议程序必须明示所有利益关系人。当存在侵权风险的企业不想专利权人发现自己的存在时，可以选择单方复审		
提出时机	授权后	优先权在2013年3月16日之后的专利，授权9个月后，或在PRG终止后，且诉讼提出一年内	优先权在2013年3月16日之后的专利，授权后9个月内提出
接收审查的门槛	请求中是否涉及新的实质性可专利性问题	需证明至少一个权利要求项有被无效的合理可能	争议专利至少有一个权利要求项有过半的可能被无效；或第三方提出全新或未解决的法律问题，该法律问题对其他案件具有重要性
证据类型	在先专利和书面出版物		出版物公开和使用公开
无效理由	实用性和法定的主题、新颖性、非显而易见性	新颖性、非显而易见性	任何专利法上可以提出的无效理由
修改范围	缩小权利要求保护范围、考虑新权利要求、删除权利要求、改正发明人	可删除权利要求，增加合理数目的权利要求作替代。修改时不得扩大保护范围，也不得引入新主题。特殊情况下可作其他修改	
禁止反悔	无	在复议程序期间提出的或者应提出但未提出的理由，不得在美国专利商标局、地区法院或"337调查"中再用于挑战权利要求的有效性	
完成时间	可能几年，平均审查周期25.1个月	自启动程序1年内，做出最终审查决定。如理由充分，期限最多延长6个月	

这些图表主要用于案件运行过程中监控案件进度以及估算成本。

（2）寻找律师和律所资源　律师与律所一般在风险预防阶段就应该完成资源储备工作，在发生案件后第一时间完成挑选。由于在海外知识产权诉讼中选择律师和律所的评判标准与在美国"337调查"中选择律师和律所的评判标准相同，在此不做赘述。

（3）具体案件进展中的策略　依照美国专利诉讼的基本流程，在每一程序中具有不同的应对策略，如图17所示。

第二章 海外知识产权诉讼风险的应对指引

警告函阶段
· 管辖权转移
· 申请撤销诉讼
· 申请转移审判地点
· 申请分开审理
· 申请终止审理
· 挑战专利有效性
· 行政途径
· 司法途径
· 专利权确认诉讼
· 确认专利权无效
· 确认产品没有侵权

证据开示阶段
· 聘请专家证人
· 培训内部证人
· 使用保密特权
· 采用证据保全

马克曼听证阶段
· 挑选权利要求中可能影响专利侵权和无效的关键词语，向法官建议符合已确立主题且有利于自己胜诉的权利要求解释
· 利用一些地区法院根据自己的需要规定了适合自己使用的申请权利要求解释程序的规则。当事人应当根据相应的地区规则要求来进行该程序

法庭审理阶段
· 积极灵活利用审前动议
· 聘请专家证人
· 制作精良的证据演示文稿
· 培训内部证人

整个过程中的和解策略
· 随时保持和对方的联系
· 按时召开双方力量对比研讨会，制定和解策略
· 适时请律师转达和解诚意

图 17　美国专利诉讼策略

3. 项目收尾阶段

海外知识产权诉讼风险的项目收尾阶段，即案件或结束，或以中间和解为结果而终结。此时，企业管理者或公司法务应从以下两个方面整理收尾，如图 18 所示。

经验总结
· 全过程文档归档，并做研究
· 全项目组成员研讨会，总结经验教训
· 总结后的报告呈送到公司决策层

制定整改方案
· 调整前期的风险防控策略的相关部分
· 培训风险发生环节的相关人才
· 奖励对整个案件有贡献的人

图 18　海外知识产权诉讼项目收尾阶段指引

三、案例解读

（一）思科诉华为案

1. 案情简介

2003年1月24日，全球最大网络设备制造商巨头思科系统有限公司和思科技术公司（以下简称"思科"），在美国德州马歇尔的联邦地区法院向我国电信设备制造商华为技术有限公司及其在美国的两家子公司——Huawei America, Inc.（华为美国公司）和Futurewei Technologies, Inc.（以下简称"华为"）提起诉讼，指控华为非法抄袭、盗用包括源代码在内的思科IOS软件，抄袭思科拥有知识产权的文件和资料并侵犯思科其他多项专利，要求法院签署禁止令，禁止华为销售包含剽窃思科软件的网络设备。华为公司就此发表声明回应，称其一贯尊重他人知识产权，并注重保护自己的知识产权。2003年2月7日，华为称其已经停止在美国出售被思科指控含有非法盗版软件的某些产品。2003年6月7日，美国马歇尔联邦法院发布一个初步的禁止令，判决华为停止使用思科提出的具有争议的一些路由器软件源代码，但是该法院驳回了思科公司要求的范围更加广泛的产品禁止令，拒绝了思科提出的禁止华为使用与思科操作软件类似的命令行程序。在法院就此知识产权纠纷作出裁决后，思科与华为互不想让，称官司还将继续打下去。2003年10月1日，双方达成初步协议，同意在独立专家完成审核的过程中中止诉讼，暂停6个月。2004年4月6日，思科向美国地方法院提交申请，请求法院继续延期6个月审理该公司同华为的专利纠纷。2004年7月28日，两家公司向马歇尔联邦法院提交了终止诉讼的申请，法院据此签署法令，终止了两家公司之间的诉讼，双方达成和解，各自支付自己的法院和律师费用，最终全部解决了该起知识产权案件的争议。

2. 案例分析

华为在面对思科的起诉时做了充分的准备，积极应战，虽然对手实力很强，但华为也在该案中展现了应对海外知识产权诉讼的冷静、胆识与很强的专利诉讼能力。华为在进击国外市场时坚守两个最基本的知识产权态度，一是要保护好自己的知识产权不受侵犯，二是不踩他国知识产权的红线。

诉讼开始后，华为思路清晰地采取了三大战略：首先，华为公司在面对起诉后不久即宣布停止部分被指侵权的产品在美国市场上的销售，将其路由器的产品广告和说明从其美国网站上撤除，并表示正在回收在美国售出的少量此类产品，同时宣布将开发其他不涉嫌思科指控的新产品；其次，华为在美国法庭上反驳了思科公司的指控，指出其并没有复制思科的互联网操作系统软件；再次，华为公司与美国3COM公司联合组建合资公司——华为-3COM公司，并且新建公司的CEO Bruce L. Claflin在法庭上提供了对华为极为有利的证词；最后，华为正式否认侵犯思科的知识产权，并指控思科出于垄断市场的目的诋毁其公司形象。华为通过积极的应诉，维护了公司的尊严和市场信誉，并使思科陷入了专利权滥用的质疑中。

（二）朗科诉美国PNY案

1.案情简介

1999年，深圳朗科率先研制成功全球第一款闪存盘。2002年7月，深圳朗科申请"用于数据处理系统的快闪电子式外存储方法及其装置"专利，被国家知识产权局授予发明专利（专利号为ZL117225.6），填补了我国在计算机存储领域20年来发明专利的空白。以上述专利为优先权基础的美国发明专利申请也于2004年12月获得了美国专利商标局的授权（美国专利号为US6829672）。作为该类产品的基础技术，其运用率极高、重要性极强，但同时也容易被他方擅自使用。也正是从此时候起，朗科开始在美国搜集一些侵权公司的资料。

2005年，深圳朗科的工程师发现美国PNY公司在未经深圳朗科授权的情况下在美国本土销售闪存产品。此时，朗科并没有立即提起诉讼，而是全面熟悉美国的诉讼程序和相关法律。在经过长时间的法律准备后，朗科于2006年2月10日委托美国律所向美国德克萨斯州东区联邦地区法院起诉PNY公司侵犯其专利权，要求PNY公司立即在全美停止生产和销售闪存盘，并且索求巨额赔偿。因美国与我国的诉讼制度有很大不同，朗科在应对该诉讼时还经历了马克曼听证等程序。最终，法官于 2007 年 12 月 13 日做出对朗科有利的专利权范围断定。直至 2008 年 2 月 11 日，朗科与美国 PNY 公司展开庭外调解，签订了专利授权许可证。至此，朗科与美国 PNY 公司关于专利侵权案件告终。此后几年内，朗科从美国 PNY 公司及 PNY 公司的供货商获得的专利费在 1000 万元人民币以上。

2. 案例分析

在海外维权案件中，高昂的诉讼成本、陌生的诉讼制度和法律文化都是摆在国内企业面前的重要难题。但朗科在国内企业都在被动应诉的大环境下进行了一次大胆尝试，成为我国企业为保护自己的专利权起诉美国企业并获成功的典型案例。该案的成功也给国内企业提出了以下启示：

（1）专利申请为基础　朗科在海外维权的成功，与其昔日专利申请的积累密不可分。朗科在取得闪存技术的中国专利权后，利用优先权制度马上在美国申请了相关专利，使其在美国也能得到专利权的保护。朗科作为高新科技企业深知知识产权的重要性，每年有大量的专利申请与授权，并且具有较高的专利质量。

（2）起诉对象的选择　朗科从 50 多家拟定诉讼目标中最后选择了美国 PNY 公司作为起诉对象，这个选择在一定程度上体现了海外拓展的战略目的。美国 PNY 公司是美国闪存盘市场的巨头，在全美存储市场排名第二位。朗科选择美国 PNY 公司的原因在于：首先，美国 PNY 公司不是行业排名第一位的企业，但在业内也有一定影响力，这样既避免了与龙头企业直接对抗的局面，也具有一定的典型性；其次，知识产权侵权诉讼赔偿额通常以侵权者的获利数量来确定，由于美国 PNY 公司在美国市场的影响力大，在销售量和市场份额上占据很大数额，朗科可以获取更多的赔偿金；再次，美国 PNY 公司在美国具有较高的知名度，朗科以此可以获得较多的媒体关注度，为将来海外市场争夺进行"预热"；最后，敢于挑战美国 PNY 公司这一巨头既可以对竞争对手的名誉造成一定影响，也帮助朗科以高起点迅速夺取一部分自己的市场份额。

(三)罗地亚诉中华化工案

1. 案情简介

嘉兴中华化工是全球最大的香兰素生产企业,长期致力于香兰素全产业链的技术开发与创新。法国罗地亚是全球化工巨头,是香兰素这一产品全球最早的生产者,且其持有与香兰素生产方法有关的 EP2222627B1 欧洲发明专利。由于中华化工在香兰素全球市场所占有的市场份额不断扩大,罗地亚采用了多种手段对中华化工进行打压,并且于 2014 年 8 月 6 日向荷兰海牙地区法院提起专利侵权诉讼,请求法院签发跨国界禁令,要求中华化工在 EP2222627B1 欧洲发明专利所指定的全部国家停止销售香兰素。

接到诉状后,中华化工立即委托国内律所协助寻找最佳的荷兰律师对此案进行代理,但在该过程中,由于罗地亚在荷兰具有强大的影响力,多家国际律所均婉拒与中华化工的合作。直到距离首轮举证期限不到两周时,才寻找到了合适的荷兰代理律师。另外,中华化工还委托了一位具有深厚化学背景的美国职业律师协助进行案件的处理。在多方律师协作配合下,中华化工搜集了大量的证据材料,用以证明罗地亚的 EP2222627B1 欧洲专利不具有创造性,中华化工所采用的生产方法不构成专利侵权。2014 年 11 月 21 日,荷兰海牙地区法院做出判决,认定涉案专利不具备创造性,驳回了罗地亚的全部诉请,并要求罗地亚向中华化工支付其合理支出的共计 29.8 万欧元。

2. 案例分析

随着我国企业越来越多地参与到国际竞争中以及走出去战略的实施,我国企业在海外遭遇知识产权诉讼的数量也急剧增加。除美国外,欧洲也逐渐成为国外竞争对手阻击我国企业向海外发展的战场。由于欧洲的部分法院可以通过"跨国界禁令"的方式,判令被告企业停止在欧洲专利所指定的全部国家停止侵权,即停止销售产品,因此一旦禁令获得支持对于我国企业而言只能是全面退市。

此类案件通常由于我国企业在拓展海外市场过程中损害到原有领先企业的利益,所以国外企业提起诉讼的主要目的是阻碍我国企业进入国外市场的步伐,甚至将我国企业排除在国外市场之外。这样的诉讼对我国企业在海外市场的布局影响较大,因此,我国企业在面对此类诉讼时更应积极应诉,深入分析涉案专利的技术要点,寻找突破口。

第三章

海外展会知识产权风险的应对指引

第三章　海外展会知识产权风险的应对指引

展会是采购商和参展商相互交流、提供商机的平台，是我国企业走出去的重要渠道。海外参展在帮助企业树立国际形象、参与国际竞争和开拓海外市场等方面发挥着重要作用，但有时国外企业却通过展会在知识产权上对我国企业进行打压。在展会期间，针对我国企业的投诉日益增多，不仅让我国企业在经济上遭受损失，也影响了我国企业在海外的声誉与形象，为我国企业在走出国门的道路上增设了障碍。

本指引为企业参加海外展会时预防和应对知识产权风险提供参考，用于指导企业根据不同岗位职责的人员建立共同预防及应对的企业内部流程，并提供了具体的操作方案。希望通过本章指引我国企业有效防范展会中的知识产权风险，妥善解决知识产权纠纷，科学处置知识产权争议，提高企业应对海外展会中知识产权纠纷的能力，更好地维护自身利益。

一、知识速查

（一）展会中经常发生的知识产权风险类型

按不同维度来分析展会中经常发生的知识产权风险类型，能更容易全面地分析出展会中存在的知识产权风险。

1. 以参展载体为划分标准

（1）参展商品涉嫌侵权（专利权、商标权、版权等知识产权）　此类风险是最常见的风险方式，一般由竞争对手举报，也可能由专利非实体经营者（NPE）、商标抢注人等主体举报。

（2）参展宣传用品涉嫌侵权　常见为宣传图片、广告中涉嫌侵犯知识产权（商标、版权居多），宣传图片中使用了别人的产品作为自己产品进行宣传（假冒行为），宣传语夸大其词、不诚信（例如在德国只有销量领先第二名20%以上才能宣传为销量冠军。此外，"最好的""最好之一"等词语都有可能引来反不正当竞争法的管制）。

（3）参展商品中其他物品涉嫌侵权　如用于自己产品的配件、制作工艺等必需物，此类风险很容易被忽视，误认为该物品既然不属于公司的参展商品，不应该由本公司承担责任。

2. 以风险引发者为划分标准

（1）竞争对手　此类风险来源是最常见的引发者，也就是最关注公司的人。

（2）行业协会　此类风险来源通常为竞争对手联合体，目标是维护某一行业的竞争秩序，特点是手法专业，漫天要价。

（3）NPE等专门以知识产权牟利的各种组织　此类风险来源近年来越来越多，并且手法专业，准备充足。

3. 以风险客体为划分标准

（1）专利　欧美的专利主要是发明和实用新型专利，能通过外部观察就能发现侵权的专利最容易用来维权。如果提前有专利侵权的交涉,则风险更大。除了专利侵权外，还有专利许可到期后仍然继续使用该专利技术等风险。

（2）商标（标识） 商标侵权类型更多，且复杂。除了商品商标以外，认证类、公益类的标识在欧美都容易成为商标，因此应将商标的范围扩大到任何标识上。商标侵权发现非常容易，更容易获得法院的认可。除了直接侵权风险外，还存在在商标授权期超期、不规范使用商标等风险。

（3）版权 涵盖范围更广，在宣传文件、广告、演示文稿、视频、软件等载体中广泛存在，很容易遗漏。版权侵权认定更复杂，但表面上操作却简单，容易获得法院认可。

（4）反不正当竞争等其他客体 例如虚假宣传、违反广告法等行为，容易被忽视。

4.以风险表现形式为划分标准

（1）扣押（海关扣押或展会上扣押） 展台可能被查封，产品被扣押或没收。司法加海关扣押是最主要的形式。还有可能取消参展资格，严重时，可永久取消参展资格。

> 海关扣押流程为（以德国为例）：
>
> ■ 权利人使边境口岸和海关了解假冒/侵权产品并做好扣押准备，通用备案针对所有假冒/侵权产品，单独备案针对单独批次。
>
> ■ 准备所需材料：知识产权有效证据；确认真品的"白名单"；检验假冒/侵权产品的"黑名单"；律师委托书；承担错误扣押损害赔偿责任的声明（平行进口时需要提供银行担保）等。
>
> ■ 海关审核是否批准，批准时间为2天至3周。
>
> ■ 海关实施扣押，其决策流程为：边检部门对可能侵权的产品暂缓通关；通知权利人相关货物信息；权利人确认或否认侵权；海关决定扣押或放行。
>
> ■ 海关扣押后，被扣押人可以提起异议程序。

（2）临时禁令 这是最常见的法律手段。临时禁令自送达时即生效。临时禁令送达较随意，当事人一般会误解，例如穿便装的年轻女士将德文文件放在桌上，命令参展公司停止展示一些特定商品。应当遵守临时禁令，并支付相关费用。

> 临时禁令的基本流程为（以德国为例）：
> - 权利人通过互联网、宣传材料等途径收集侵权行为信息。
> - 权利人向法院申请并论证侵权行为、权利有效性以及急迫性等。
> - 法官自由裁量是否开庭审理以及是否批准。
> - 批准后送达。送达的途径包括：在展会上送达；在当事人的临时住所送达；依法庭申请直接送达。

（3）普通诉讼　收到起诉书后进入到普通诉讼程序。典型表现（以德国展会为例）：着便装的人士到展台要求会见参展代表，几分钟后打断商务会谈把起诉书放在桌子上要求签收，并且没有翻译（注意：拒绝签收无效，也算送达）。

（4）刑事犯罪调查　如果认定为有侵权的恶意，权利人会申请负责展会的警方展开刑事犯罪调查。拒绝临时禁令的执行，不配合法院行动的行为都极有可能遭到刑事调查。

> 刑事犯罪调查的一般程序为（以德国为例）：
> - 权利人口头申请，随后书面确认。
> - 权利人指认侵权行为。
> - 警方／海关来到展会上。
> - 获得仿冒者／侵权人的姓名和住址。
> - 搜查展位。
> - 没收侵权物品。
> - 要求离境前支付押金。
> - 一般有权利人或其律师协助。

（二）展会中知识产权高风险国家执法情况概况

1. 德国

在德国，相关人员和组织可以在展会前和展会中向法院申请并及时得到颁发的查封令，展会组织者通常会向参展者发放涉及展会侵权诉讼的说明书。被侵权者一般会给涉嫌侵权者发送《警告函》，如改正则一般不会被诉。展会知识产权案件的审理法院的审理速度会很快，法院会采用"临时禁令"的方式查封展台，双方人员只能在旁观察。法院在周一至周五采取行动，并且只能使用德语。法院扣押和查封仅限于"临时禁令"规定的范围，其他可以继续展出。任何抗拒法院的行动都会招来警察干预。法院允许被诉方在获悉被执行"临时禁令"时提出"保护性文件"来阻止。

2. 法国

在法国，只能在展会开幕前由被侵权方申请法院在规定时间内颁发查封令。被侵权方在9个月内才知道被侵权可提出紧急要求，两天获得禁令。除了巴黎的"法国面料展览会"设有纠纷协办机构外，其他展会都没有这类机构。展会中的知识产权纠纷一般先按民事诉讼收集证据，然后视案件进展情况可以转入刑事诉讼。法院执行查封令时，当事人可以在场，但只能观察。法院在非周末工作日执行查封令，并且工作语言只是法语。扣押和查封仅限于查封令规定的范围，其他可以继续展出。法院搜集的证据包括侵权的直接证据和侵权获得的利益。

3. 意大利

与法国相同，只能在展会开幕前由被侵权方申请法院在规定时间内颁发查封令。在马契夫和米兰博览会、维罗纳石材展和工程机械展中实行展会统一仲裁，这样的仲裁是依据欧盟相关法律和相关判例做出的。在上述展会中统一仲裁所有参展商必须予以尊重，但可以提出异议或诉讼。对仲裁提起异议后，可由米兰、维罗纳法院进行侵权证据的搜集。被侵权人可以要求法院把涉嫌侵权产品立即从展会现场清除。进行查封的同一天必须召开听证会，诉讼双方及三位中立专家参加听证，听证会一小时后即可做出相关裁判结果，即交由法院进行宣判。法院进行查封时如果遭到抗拒，则立即由民事诉讼转为刑事案件。法院搜集的证据包括侵权的直接证据和侵权获得的利益。

4. 英国

在英国,被侵权方可以在展会前和展会中向法院申请并及时得到颁发的查封令。被侵权方在9个月内才知道被侵权可提出紧急要求,四天获得禁令。展会中的知识产权案件通常由英国高等法院所设的"衡平"法庭负责。法院采用《搜查扣押令》查封侵权展台,双方只能观察。查封侵权展台仅限于《搜查扣押令》规定的范围,其他可以继续展出。法院在非周末工作日执法,并通知双方,英语为工作语言。法院进行查封时如遇阻扰和抗拒,会立即招来警察干预。

5. 瑞士

在瑞士,被侵权方可以在展会前和展会中向法院申请并及时得到颁发的查封令。巴塞尔钟表和珠宝展会实行"专家仲裁委员会"的侵权处理制度。所有参展商的参展合同中都有接受专家仲裁委员会侵权仲裁处理的条款,此类仲裁的依据是瑞士联邦制订的相关法律和既有判例。其他展览会涉及知识产权纠纷要向瑞士相关法院提出诉讼申请。被侵权方和专家仲裁委员会两名专家一起对侵权现场进行调查取证,专家仲裁委员会认定侵权后,侵权方必须承诺不再展出和销售该展品。上述仲裁和法院判决都可以上诉。

6. 西班牙

在西班牙,只能在展会开幕前由被侵权方申请法院在规定时间内颁发查封令。被侵权方在9个月内才知道被侵权可提出紧急要求,三天获得禁令。法院执行禁令后,侵权方必须不再展出和销售该展品,其他仍可以展出。展会的知识产权案件一般先按民事诉讼收集证据,然后视案件进展情况可以转入刑事诉讼。法院采用《搜查扣押令》查封侵权展台,双方只能观察。法院在非周末工作日执行查封令,工作语言只是西班牙语。

7. 美国

在CES、IMTS等大型国际展览会上,主办方会设有专门的法律机构,现场提供相关咨询和服务。各种协会组织(IAEE、SISO、BPA等)都会为本行业企业提供知识产权保护方面的工作。展会上侵犯知识产权的案件中有80%是侵犯专利权,而展会中的知识产权纠纷处理法律依据是"337调查"和"301

条款"。展会期间取证一般由律师进行，很少动用警力。最新的保护措施是联邦政府推出的针对有组织的盗版和假冒商品的"STOP! Initiative"项目，商务部、美国专利商标局和国际贸易管理部门都是该项目的主要成员，商务部还要求司法部和联邦调查局参与工作。

二、流程指引

本部分内容包括企业内部需要建立的三个操作流程，分别为展会前的准备流程、参展中的应对流程和参展后的补救流程。每个流程中都包括角色、工作流程和辅助表单等内容。

（一）准备流程

1. 展会项目准备

- 角色：展会项目负责人。
- 工作流程：

（1）组建展会项目组。

➤ 项目组成员中的必备人员：法务、参展产品技术人员、参展产品文档/广告/展示人员（下简称文档人员）。

➤ 项目组可选人员：（展会国）律师、（展会国语言）翻译。

（2）召开项目会议，布置项目任务，项目任务中至少包括以下内容。

➤ 技术人员在法务人员配合下清查产品的专利、商标风险。

➤ 文档人员在法务人员配合下清查展会宣传文档（包括网络上的）、广告、操作手册等载体上的商标、版权、专利风险，同时清查是否有违反参展国反不正当竞争法、广告法等风险。

➤ 制作风险评估清单和规避措施方案。

2. 清查展会知识产权风险

- 角色：法务
- 工作流程：制作清查清单，并按清查清单执行。海外展会知识产权风险准备流程法务清查清单示例见表 15。

表 15 海外展会知识产权风险准备流程法务清查清单

		不共性文件			共性文件
		竞争对手	行业协会	NPEs	
参展产品	外观设计	竞争对手清单、展会维权历史报告	行业协会清单、协会展会维权历史报告	NPEs 清单、NPEs 展会动作历史报告	高风险专利检索报告 标识高风险清查报告 版权高风险内容清查报告
	专利				
	商标				
	版权				
参展资料	广告	参展地广告法合规报告 虚假宣传清查报告 宣传材料是否过于详尽的评估报告			
	展会宣传材料				
	产品手册				
	产品说明书				
	参展光盘或软件				
	其他资料				
其他	配件				
	制作工艺				

1）专利检索报告应由技术人员完成，注意以下几点。

➤ 专利太多时，不应以全部专利为检索对象，用以下几个过滤顺序过滤：国别，以参展国为主，但要注意在欧洲展出时需要查欧盟专利；竞争对手/协会/NPEs，尤其是有过维权历史的；关键风险技术，例如有过被维权历史的技术。因此，先了解所参加展会的知识产权风险历史对检索较为有利。

➤ 外观专利检索也在这一部分完成。

2）标识及版权检索报告、宣传材料清查报告等应由文档人员完成，注意以下几点。

➤ 除商标外，认证标识（例如环保认证、强制认证等）、企业自行设计的标识等都需要核查风险。

➤ 主要是检索在参展国这些标识有没有权利人，该权利人有没有维权历史，该标识有无得到授权，或有免责的其他事由。

➤ 版权要定位高风险内容，例如询问文档制作人员制作时是否参考别人的文档及参考来源等。

➤ 宣传材料是否过于详尽的判断应交由市场人员判定。

常用的专利检索网站：

➢ 世界知识产权组织（WIPO）数据库

http://patentscope.wipo.int/search/en/search.jsf

http://patentscope.wipo.int/search/zh/search.jsf

➢ 欧洲专利局数据库（espacenet）

http://worldwide.espacenet.com/

➢ 美国专利商标局

http://patft.uspto.gov/

➢ 中国国家知识产权局

http://www.sipo.gov.cn

➢ 新加坡知识产权局

http://www.epatents.gov.sg/PE/

➢ 日本专利

http://www.ultra-patent.jp/Search/Search+.aspx

http://www.jpo.go.jp

➢ 加拿大专利

http://brevets-patents.ic.gc.ca/ ... g/introduction.html

➢ 韩国专利

http://eng.kipris.or.kr/eng/main/main_eng.jsp

➢ 其他专利查询下载网站

http://www.freepatentsonline.com/search.html

➢ 谷歌专利检索

http://www.google.com/patents

常用的商标检索网站：

1）中国商标查询：http://sbj.saic.gov.cn/sbcx/。

2）香港商标查询：http://ipsearch.ipd.gov.hk/tmlr/jsp/main_schi.jsp。

3）美国商标查询：http://www.uspto.gov/trademarks/index.jsp。

4）马德里商标查询：http://www.wipo.int/romarin。

其他地区专利查询可链接：http://www.soopat.com.cn/Detail/500。

3. 展会中的预防风险策略

- 角色：法务。
- 工作流程：

1）根据核查清单，制作整改任务表。

- 高风险专利、外观设计、商标能否做规避设计？
- 能否获得权利人许可？
- 广告宣传语能否改变？
- 展会前避免宣传有争议的产品。
- 展会前宣传尽量低调。
- 要特别重视清查悬挂有公权力、原产地（国家）旗帜的标识、资料的风险。
- 采用不同的公司名称参展，使展会名录上出现改变后的公司名称。
- 提前准备和权利人的和解方案。

2）可以通过没有海关备案的小国家进入欧盟。

3）如果判断有海关扣押风险则提前向海关／警方递交保护函（保护函内容咨询当地律师）。

4）关于自己产品的商标标注等要符合国际惯例，参展前要对所有标识进行合规使用清查。

5）对于未在参展国获得权利的知识产权，尽快开展获权工作。

6）风险估值大时，可请参展国当地律师向当地法院递交保护函，保护函中应列举为何法院不应批准临时禁令的理由，例如没有急迫性、没有侵权、专利无效等。

7）搜集下列证据，以备不时之需。

- 自身相关的知识产权权利证明材料。
- 相关产品研发记录材料。
- 证明技术来源、标识来源、版权来源合法的资料。
- 中立第三方出具的知识产权分析报告、侵权判定报告等资料。
- 企业制订的尊重他人知识产权的制度。
- 其他能证明善意、未侵权的资料。

4.准备参展的各项资源

- 角色：展会项目负责人。
- 工作流程：

列举参展的各项资源，如：

➢ 参展国跟展律师。

➢ 参展国跟展翻译。

➢ 参展风险应对手册（不仅仅包括知识产权风险，应该囊括所有可能风险的应对方案指引）。

➢ 主动沟通展会知识产权官方机构，获取必要信息。

（二）应对流程

- 角色：法务、展会项目负责人。
- 工作流程：

1.遭遇海关扣押时的应对

（1）与所在国律师一起准备异议程序。

（2）熟悉海关扣押程序，以德国为例，海关扣押程序如图19所示。

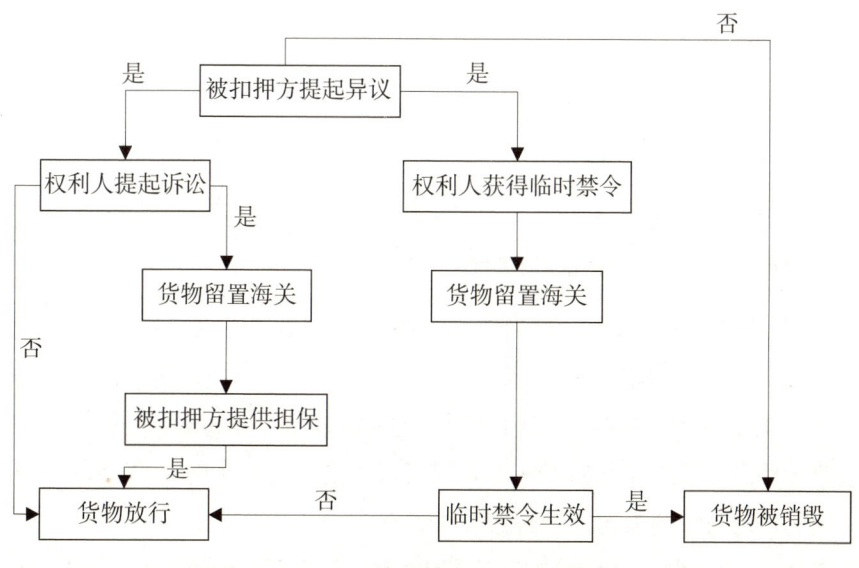

图19　德国海关扣押程序

3）不能置之不理。

4）第一时间联系权利人，开启和解谈判。

5）聘请当地律师起草有利于我方的辩解律师函，诉求降低赔偿要求。

6）不要抱不切实际的期望。

2. 遭遇临时禁令时的应对

1）随时观察洽谈的客户，识别是否是法院的官员。

2）遵守临时禁令，被指控侵权的产品移出展台且从公司网站上删除。

3）支付临时禁令的相关费用。

上述两项措施非常重要，否则会付出非常高昂的代价。

4）请当地律师和当地翻译及时接手处理，决定是否要签署停止侵权的合同。

5）及时与权利人取得联系，启动和解谈判。

6）展后留意相关文件，例如收尾函，如果收尾函认为侵权，要及时抗辩并出庭。

3. 遭遇普通诉讼程序时的应对

1）请当地律师和翻译及时确认是否仅是普通诉讼文件。

2）如果确认，及时请专业翻译公司翻译。

3）积极应诉。

4）遵守法院官员的命令，不要起冲突。

4. 遭遇刑事犯罪调查时的应对

1）及时请当地律师和翻译介入。

2）不要对抗警方。

3）及时联系所在国当地的商会/行业协会/领事馆等组织，获取必要的帮助。

5. 遭遇警告（询问）函的应对

1）不能因为是非官方文件就置之不理。

2）在规定的期限内及时答复。

3）及时展开侵权判定，如果判定为不侵权，则不要在有关文书上签字，通过律师提出反警告，并向参展地有管辖权的法院提交保护函；如果判定为侵权，则要积极与权利人沟通和解或许可方案。

当遭遇无法判断的风险时，应第一时间转手给当地律师处理。

（三）补救流程

- 角色：展会项目负责人、法务。
- 工作流程：针对展会中遭遇的知识产权风险制定整改清单。
  - 缺乏专利储备的应在当地启动专利布局和申请工作。
  - 商标注册不全的，应启动商标注册补救工作。
  - 缺乏相应的知识产权许可的，评估是否需要获得该许可，或者启动规避设计工作，或者启动许可谈判工作。
  - 当地律师资源不足的，启动当地律所和律师选任工作。
  - 启动内部培训，针对不同岗位的人员启动防风险教育和案例教育。
  - 制订参加相关行业协会的计划，积极参与协会。
  - 建立与政府相关部门日常联系的机制。
  - 启动对治方案，例如在我国起诉对方等。
  - 制订保密制度。
  - 制订媒体应对方案，引导媒体客观、公正地报道。

三、案例解读

（一）海鸥表业应对瑞士巴塞尔钟表展侵权指控案

1.案情简介

2008年4月5日下午，天津海鸥手表集团公司正在瑞士巴塞尔钟表展进行参展。世界第一大奢侈品企业瑞士历峰集团下独立制表人格勒拜尔·福尔斯向展会组委会提出申诉，认为天津海鸥公司参展的一款双陀飞轮手表侵犯其专利权。该制表人与三位巴塞尔钟表展组委会官员来到海鸥表业展柜前，要求海鸥公司在15分钟内交出双陀飞轮机械表展品并由组委会带走检查，并扬言不交出手表，组委会将有权通知警方砸开展台强行带走手表，且一旦发现海鸥表业有侵权行为，组委会有权将海鸥表业逐出展会。遇到此种情况，海鸥公司的工作人员立即寻求海鸥香港合作方宜进利公司寻求律师支持，并把律师即将赶到的消息转达给组委会，交表时间得以延后。律师赶到后，了解到海鸥表业双陀飞轮手表拥有中国专利，立即带着中方翻译与海鸥表业技术骨干前去应诉。四个小时后，裁决书指出海鸥表业在巴塞尔钟表展览会展出的争议手表没有违反（瑞士联邦）专利保护法。通过及时积极应对，海鸥表业凭借过硬的核心技术与专利保护在四个小时内赢得了此次裁决的胜利，成为在瑞士表业胜诉的第一家中国企业。

2. 案例分析

随着我国企业对海外参展、海外市场开拓越来越重视，会展中知识产权保护问题也越来越严峻。在国内外举办的各种展会上，我国参展企业成为国外企业细查、投诉的重点。企业如果没有在海外参展前做好知识产权实战准备，没有在进入相关市场之前对竞争对手的知识产权战略进行分析，也没有对国外法律制度进行相应研究，在缺乏有效的风险防范条件下，极易落入侵权的陷阱。海鸥表业在面对国外竞争对手强烈进攻时，沉着应对，积极寻求合作方的支持。在以其过硬技术的基础上，通过专利保护措施，获得应对裁决的筹码。在展会中出现的知识产权问题，通常情况下由竞争对手在展会上提出其诉求，若不能很好解决该问题，将严重影响公司的声誉和受益。因此，国内面对此类问题时一定要立即处理。

（二）2007年德国 CeBIT MP3 扣货案

1. 案情简介

2007年3月15日，CeBIT（通信和信息技术博览会）在德国汉诺威国际会展中心开幕。然而，CeBIT 开展仅数小时，包括纽曼、华旗爱国者以及深圳迈乐等国内知名厂商在内的12家我国参展数码产品公司便因涉嫌侵犯意大利 SISVEL 公司的 MP3 专利而遭到德国海关查抄，所涉产品包括 MP3、DVD 播放器、汽车导航等多种支持 MP3 播放功能的电子产品。在随后几天的展会上，华旗爱国者只好临时改变参展策略，用数码相机和移动存储设备来填充空余展位，并将对外主打产品从 MP3 变为700万像素的相机；而深圳迈乐则因为旗下产品全部被扣，直接宣布"闭展"；损失最小的纽曼也有一款 MP3 和一款 MP4 被查扣。此次扣货事件对我国企业的参展造成了极大的负面影响。

扣货事件发生后，我国厂商相继展开了补救行动。2007 年 3 月 16 日，华旗爱国者向德国方面提供了相关产品专利授权资料，并迅速与 SISVEL 公司方面取得联系，说明情况。深圳迈乐则在查封现场提供了向 SISVEL 公司报备的文件，并发表声明表示希望尽快解决扣货事件。2007 年 4 月 27 日，SISVEL 公司在北京与华旗爱国者签署了战略合作协议并就 CeBIT 2007 展会上发生的扣货误会表示道歉。此后，华旗爱国者直接出现在 SISVEL 公司的全球专利许可名单上。至此，CeBIT 上的扣货事件以我国厂商和专利权人握手言和暂告一段落，然而 SISVEL 公司和我国厂商之间的矛盾并没有结束。2008 年 3 月 5 日，SISVEL 公司在 CeBIT 2008 展会上又开展了更大规模的查抄行动。仅在 2008 年 3 月 6 日一天就有 24 家大陆企业、12 家台资企业以及 3 家港商被查抄，查抄原因涉及技术、外观、商标侵权等方面，产品涵盖 MP3 播放器、GPS 导航仪、音箱、手机等电子消费品。2008 年 9 月 8 日，SISVEL 公司故伎重演，在德国柏林国际消费电子展（IFA）开展当天向德国海国举报包括我国海尔、海信等 69 家企业"可能侵犯专利权"，并对大量电视机、MP3 和手机等展品进行查扣。

2. 案例分析

据了解，意大利 SISVEL 公司是一家拥有 25 年专利许可经验的专利管理公司，其主要职能是代表专利持有人开展专利许可、管理业务。在查抄事件中，被查抄的厂商正是涉嫌未获得 SISVEL 公司的许可而使用了由其管理经营的 MP3 必要专利的厂商。SISVEL 公司每年都会参与 CeBIT、CES、IFA 等展会，在参展前分析所有的参展商并确定出一份可能非法使用其专利的厂商产品名单，然后向法院提交强制执行申请，法院会据此展开查抄工作。与其说查抄事件是 SISVEL 公司的一场专利保护行动，不如说是 SISVEL 公司的一种经营策略。针对这样的对手，加上德国展会执法的高效性、损害的难易估测性使得我国企业在面对查抄的突然袭击时往往缺乏应对策略和办法。因此，应对这样的状况，我国企业应该做到以下几个方面：

（1）展会前的准备。在展会开始前，我国企业应该提前对竞争对手情况、产品涉及的专利商标在参展国的状态进行调查，提前分析侵权的可能性，并采取措施进行预防。最好能与展会国合作伙伴和专业律师直接接触。另外，在参展时应带齐企业营业执照、产品的有关书面材料、产品专利证明等相关文件，这样在发生纠纷时能及时证明自己的合法性。在此次查抄事件中，SISVEL 公司表示只要这些企业一次性缴纳 1.5 万美元的"预先专利协议"费用就可以合法地参加国际电子品展览，避免被查抄的风险。而华旗爱国者却因疏忽而没有携带相关证明文件而导致被扣货。

（2）遭遇强制执行的应对。我国企业在遭遇强制执行"临时禁令"后可以立即委托律师前往法院，对禁令提出异议，并提交证明自身没有侵权的相关证据。如果对方未能在期限内提出正式诉讼，参展商可以要求法院撤销"临时禁令"，退还被没收的展品，并向申请提出禁令的企业提出赔偿，包括被执行"临时禁令"而产生的各种损失，如果确认对方纯属商业竞争而诬告，也可以同时提起刑事诉讼。另外，参展企业还可以向当地大使馆、领事馆积极反应情况，寻求帮助，通过各种方式维护自身权益。在 2006 年的 CeBIT 展会上，国内机柜生产商因外形设计与德国企业产生专利纠纷，汉堡领事馆就曾多次参与协调、联系律师等，维护了展商的自主设计产权。

第四章

海外投资与合作知识产权风险的应对指引

在企业海外收购、投资和合作中（下文为了简便，统称为"收购"），知识产权的重要性不言而喻。收购国外知识产权一般以专利技术、商标、版权等内容为主，收购方式主要有两种，一种是直接收购知识产权，可称资产收购；另一种方式是收购国外现成的企业，将企业和其拥有的知识产权一并收入囊中，可称股权收购。为方便，下文统一称为知识产权收购。知识产权收购专业性强，风险不易察觉，因此需要全方位进行防范。

本指引旨在让企业了解收购过程中的知识产权风险及相关问题，熟悉收购中关于知识产权的相关流程，降低因海外收购而带来的知识产权风险，帮助企业达到收购的最终目的。

一、知识速查

将企业海外收购的整个过程分为收购前、收购中和收购后三个阶段，分别列举三个阶段中的知识产权风险类型。

（一）海外收购前

1. 宏观环境风险

由于国内出现收购国外企业的浪潮，国际上出现了"中国崛起"等对国内企业负面的思潮，中国企业的海外收购活动容易在舆论上处于不利位置。另外，被收购企业所在国对收购项目审查严格情况、经济对外开放的程度、被并购企业所在国对技术出口的限制程度，种种因素将从国家层面影响中国企业海外收购项目的推进。

2. 知识产权选择风险

收购目标知识产权需要有严密的知识产权保护体系，如一项信息技术只通过专利进行保护，而生产工艺、制作方法缺乏商业秘密的保护，将减少知识产权的价值。此外，收购目标知识产权的经济价值和战略价值若与收购方的商业目标、战略目标不符，也将造成收购失败。所以，知识产权选择情况存在一定风险。

3. 专业化管理风险

目前我国企业在进行知识产权收购时多关注于知识产权法律层面上的转移问题，而对于收购目标企业与本企业的知识产权匹配度、收购知识产权的管理，国内企业尚未达到专门化、专业化的知识产权管理水准。因此，管理水平的限制也为国内企业进行知识产权收购的推进带来风险。

（二）海外收购中

1. 权属瑕疵风险

目标知识产权权属情况需通过严密的调查程序才可明晰其中的真实情况。

目标知识产权是否属于收购目标企业、目标知识产权的使用是否收到"关联专利"的制约、目标企业对知识产权拥有所有权还是使用权、目标企业是否存在虚报知识产权权属情况都影响知识产权价值,从而为收购带来不确定风险。

2.知识产权地域性特征

知识产权的地域性是指依据一国法律产生的知识产权仅在该国领域内有效,除非该国缔结了相关国际条约,否则没有域外效力。在企业海外收购中,通常涉及两个以上的国家,而知识产权的地域性将限制该知识产权在不同国家的有效性。

(三)海外收购后

1.技术消化吸收能力

即使企业通过海外收购获得了知识产权,但如果不能吸收并成功运用这些战略资产,缺乏整合收购目标知识产权与收购方现有资源的能力,无法提高知识产权与企业发展的匹配度,所收购的知识产权也将出现"水土不服"的情况,这种收购也不能称为成功。

2.知识产权维持与稽查能力

专利、商标等知识产权需要通过交纳年费维持其有效性,因此每年对知识产权维持的支出将成为公司财务的重要部分。通过海外收购获得的知识产权将为收购企业带来数十项甚至上千项的知识产权费用支出,若不能及时删除不必要的知识产权,企业将不堪知识产权维持费的重负。

二、流程指引

(一)整体流程

知识产权收购大体上可分为四个阶段:收购意向洽谈阶段、尽职调查阶段、收购协议的谈判和修订阶段以及收购后整合阶段及后续的诉讼应对。因为诉讼应对属于另外一个独立的板块,因此在此指引中仅给出大体原则。

上述四个阶段中,前三个阶段是风险防范的重点阶段,尤其是前两个阶段,是风险识别和评估的重点阶段。

海外知识产权收购整体流程图如图20所示。

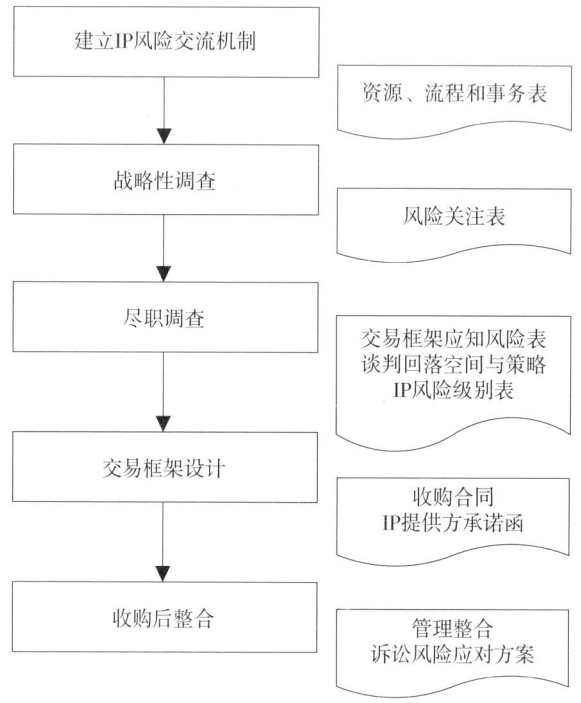

图20 海外知识产权收购整体流程

图20中,左侧是流程环节,右侧是各环节对应的输出。其中,交易框架设计环节中包括交易谈判与合同签署。

(二)具体流程

1.收购意向洽谈阶段

在确定即将开展知识产权收购后,进入收购意向洽谈阶段。该阶段的主要风险点在于战略性风险,即从交易双方、行业背景、市场结构、经营战略等宏观层面确定收购方的产业相关度、能够取得的额外回报等因素,结合收购的商业目标来确定知识产权风险需要关注的几个大的方向点。而在这一工作开展前，需要建立知识产权风险交流机制，以安排在整个收购过程中参与知识产权风险防控的人事、资源、层级、流程及交流方式，确保后续知识产权风险防控的有效实施。

（1）建立知识产权风险交流机制。

- 角色：负责收购的决策团队和执行团队，公司律师或法务。
- 工作流程：如图21所示。

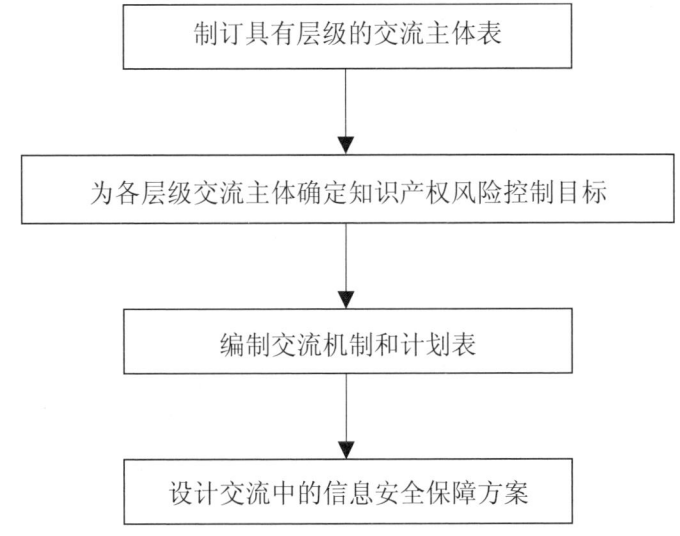

图21　知识产权收购中的风险交流机制

1）知识产权收购层级性交流主体表见表16。

表16　知识产权收购层级性交流主体表

公司内层级	对应层级	关注点	资源来源	人选
决策层	目标公司决策层	战略性风险	内部	
决策层	目标公司利益相关人决策层	战略性风险	内部	
决策层	有关联的政府部门和协会组织	战略性风险	内部	
执行层	目标公司执行层	执行中的风控	内部	
法务	目标公司法务	风险调查	内部或外聘律所	
法务	目标公司知识产权相关人	风险调查	内部或外聘律所	
法务	风控中介机构	风险调查合作	内部或外聘律所	

执行层包括 CEO、总法律顾问、财务总监、资产管理总监等。

关联政府部门包括知识产权管理机构、外交机构、商务管理机构等。

目标公司利益相关人包括目标公司的股东、债权人和债务人、关联公司、知识产权许可／转让／受让／合作机构等。

目标公司相关人包括知识产权发明或设计人，做出该项发明创造的员工和团队，以及对他们具有影响力的工会组织等。

表 16 主要作为资源表，确定后续的流程中由谁来负责、负责哪方面的工作等。

2）知识产权收购交流机制和计划表见表 17。

表 17　知识产权收购交流机制和计划表

环节	我方交流层级	对方交流层级	交流要点	交流人	时间	交流结果
战略性调查	决策层	目标公司决策层	商业目标可实现性			
	决策层	目标公司利益相关人决策层	商业目标可实现性			
	执行层	目标公司执行层	4 要求解答			
	法务	目标公司法务	4 要求解答细节			
	法务	有关联的政府部门和协会组织	4 要求解答细节			
尽职调查	法务	有关联的政府部门和协会组织	宏观 7 要素风险识别			
	法务	有关联的政府部门和协会组织	微观 8 要素风险识别			
	法务	目标公司知识产权相关人	微观 8 要素风险识别			
	法务	风控中介机构	微观 8 要素风险识别			
协议谈判与修订	法务	目标公司法务	交易框架与核心条款			
	法务	目标公司利益相关人	单独承诺性文件			
收购后整合	决策层	收购后负责人	知识产权转移与人事、文化			

交流要点详细内容包括：

➢ 知识产权风险交流要注意信息安全，双方在启动实质性接触之前需要签署 NDA（Non-disclosure Agreement），以减少信息滥用和不正当披露。技术产品研发、设计、源代码、商业秘密和商业战略计划等知识产权是公司最重要的资产，如果受到保护的商业秘密和类似的专有技术被泄露，公司会遭受竞争劣势、失去销售势头和声誉受损之害。交流中的信息安全要求建立（首席）交流人制度，重视知识产权信息管理。

➢ 交流问题清单，可在具体环节中设计。在本环节可给出大体的原则，例如采用列举法，分别列举版权、商标、服务标记、专利和商业秘密等知识产权收购需要明确的问题。

➢ 统一交流用语。根据知识产权的类型，分别设计风险交流用语，并且尽可能做到在交流主体之间统一基本用语；明确首席交流人的权限和职责，其他人员未经首席交流人同意，不得擅自交流相关信息。

➢ 该风险交流机制贯穿整个收购流程。

（2）战略性调查。

- 角色：公司法务或外聘律师。
- 调查方法：四要求+七宏观要素法。
- 调查目的：确定大体符合收购的商业目标，制订后续尽职调查中的风险关注点表。
- 四要求表：见表18。

表18 四要求表

序号	要求	行业背景	市场结构	经营战略	管理团队	企业文化	股东支持
1	收购双方产业相关度和战略相关性能否产生协同效应和叠加效应						
2	能否在战略、管理、技术上取得额外回报的机会						
3	收购后能否达成预期战略成效而使企业价值增长						
4	新的团队能否运用收购的IP实现战略目标						

四要求表应用于知识产权风险防控中，需要在对应的6项要素中逐个检查有无影响达到要求的风险点。例如，在第2项要求中，假如甲公司希望收购乙公司的专利权，期望在A国打开市场，获得入门条件和基本的竞争实力，同时也为了规避竞争对手专利诉讼风险，那么能否在技术上取得这种额外回报呢？逐个检视后面的6项要素：首先在行业背景一项中，要确定乙公司的专利实力是否匹配其在行业背景中的地位，同时也要根据行业中专利竞争态势来检视乙公司的专利匹配度，例如如果是医药行业，则要注意其主要产品是

否有专利保护且年限足够长,同时要关注 A 国针对药品的审批制度对专利的影响,而如果是电信行业,则要注意乙公司 SEP(标准必要专利)的数量以及专利与标准的结合和参与情况(例如有无在关键的标准协会中有主席职位等),同时还要注意乙公司与哪些实体公司签署了专利许可或交叉许可协议,并评估其每年的诉讼数量及金额风险;在市场结构一项,乙公司如果除了 A 国市场外,还有 B、C、D 国市场,就要关注其在 B、C、D 国的专利申请及竞争情况,同时也要关注这三个国家的专利法律保护现状。其余要素也是如此,要把风险关注点做细。

为了配合在四要求表中填入详细的 IP 风险关注点,可以参考下面七宏观要素法。注意:该系列宏观要素中的分类与判定具有时间和经验限制,需要使用者自行不断根据经验更新。

- 七宏观要素表:见表 19。

表 19　七宏观要素表

宏观要素	要素问题分解	对应的微观知识产权风险
国别	是否限制技术转让	国家执法,法律冲突
	知识产权保护力度是否强	关联性,时效
	知识产权贸易是否活跃	关联性,时效,权属瑕疵
	边境知识产权管制手段如何	国家执法,法律冲突
行业	行业监管力度是否宽松	国家执法,法律冲突,收购方认知
	除了知识产权外还有哪些准入门槛	关联性,国家执法,法律冲突
	知识产权使用方式如何(垄断、许可、联盟)	权属瑕疵,时效,关联性
	资本要求是否高	权属瑕疵,时效,关联性
收购方式	对知识产权的控制权如何分配	权属瑕疵,时效,关联性
	对后续的知识产权能否行使权力	权属瑕疵,时效,关联性
	是否是从属性收购	权属瑕疵,时效,关联性
	是否是经营性收购	权属瑕疵,时效,关联性
	是否是对抗性收购	权属瑕疵,时效,关联性
	是否是战略性收购	权属瑕疵,时效,关联性
组织形式与上市地	是否限制技术转让	国家执法,法律冲突,收购方认知
	知识产权保护力度是否强	权属瑕疵,时效,关联性,国家执法
	知识产权贸易是否活跃	权属瑕疵,时效,关联性,国家执法
	边境知识产权管制手段如何	权属瑕疵,时效,关联性,国家执法
主营业务	对知识产权依赖度是否高	权属瑕疵,时效
	知识产权贸易是否活跃	关联性,时效,权属瑕疵

续表

宏观要素	要素问题分解	对应的微观知识产权风险
采购和销售行为发生地	是否限制技术转让	国家执法，法律冲突，收购方认知
	知识产权保护力度是否强	权属瑕疵，时效，关联性，国家执法
	知识产权贸易是否活跃	权属瑕疵，时效，关联性，国家执法
	边境知识产权管制手段如何	权属瑕疵，时效，关联性，国家执法
企业管理行为	是否支持后续创新和知识产权储备	对方虚报，收购方认知
	知识产权管理机制是否健全	对方虚报，收购方认知
	收购后知识产权关键人才能否保住且有产出	对方虚报，收购方认知

■ 输出风险关注表：结合四要求表和七宏观要素表，输出此次收购的知识产权风险关注表，表例见表20。

表20　知识产权收购过程知识产权风险关注表

×××公司知识产权收购风险关注点表			
商业目标	打开手机销售的美国市场，获得足够多与竞争对手对抗的专利		
要素	内容		风险关注点
国别	收购目标公司所在国	美国	是否有限制转让的技术
			专利贸易中发明人的权利是否会影响知识产权收购
			除了专利外，还有哪些关联性的知识产权，例如商标、版权（手机铃声、开机画面等）
	采购及销售行为所在国	美国、欧洲、东南亚	欧洲是否有关于专利收购的反垄断规制法案或过往案例
			这些国家的海关知识产权执法是否会影响收购及后续商业开展
行业	所属行业	通信业	目标公司参加了哪些通信联盟，担任什么职位
			目标公司与哪些主体签署过知识产权合作/许可/交叉许可协议
			目标公司目前尚有哪些未结知识产权诉讼案件，影响如何
收购方式	何种收购目的	战略性收购	专利数量能否达成目标
			SEP数量能否达成目标
			专利族对目标市场的覆盖能否达成目标
			收购后的接续研发能否达成目标
主营业务	主要销售产品	手机	专利数量和质量、权属瑕疵
企业管理行为	技术输出	××实验室	该实验室是否是此次收购的目标
	知识产权制度		有无完善的知识产权制度

斜体字为可变化的自行填写的内容，各企业根据具体情况设计该表。

通过表 20 提示的风险关注点，再进入到下一流程进行详细的尽职调查，进一步确定收购中的具体知识产权风险。

2. 尽职调查阶段

（1）交流机制落实。

- 角色：公司执行层。
- 任务：将第一阶段制定的交流机制在这一阶段具体落实。

（2）详细尽职调查。

- 责任人：公司法务／律师+外聘律师。
- 调查方法：可以采用律师自行设计的方法，也可以采用本指引中给出的微观八要素法。

采用微观八要素法与上一阶段的风险关注表结合，制定详细的尽职调查计划表，见表 21。

表 21　知识产权收购中的尽职调查计划表

要素	调查的问题点
地域	根据何国、地区产生的知识产权
	该国、地区的知识产权法律是否有特殊规定
知识产权时效	各知识产权的时效是否满足商业目标达成
知识产权权属瑕疵	各知识产权的所有权和使用权现状
	各知识产权是否有完全的权属
	各知识产权是否设置了抵押
	各知识产权是否设置了对外许可
	各知识产权是否设置了不能在法律文件中得到的所有权信息（例如私下合约等）
	各知识产权是在销售合同中有附带的权属约定
	（专利）权利要求是否稳定，能否保护自身产品
	是否存在在先权利而使知识产权无法单独行使（例如自身拥有药品专利，但药品的重要组成部分的制造方法却在别人手中）
目标企业虚报	知识产权资产有无虚报情况
	有无假冒核心专利情况
	有无夸大知识产权资产价值情况（第三方估值是否可信）
收购方认知	己方技术人员有无夸大／误判待收购专利的价值倾向
	决策层有无对知识产权收购的误解和因信息不对称存在误判的倾向

续表

要素	调查的问题点
法律冲突	目标企业所在国的知识产权权属归属于设计人/发明人还是企业
	授予知识产权的客体方面是否有差异,导致各国保护不同(例如有的国家不保护商业方法专利)
	技术转移的国际管制和侵权标准等差别问题是否会影响此次交易
国家执法	目标企业所在国、销售行为国等国的执法和保护力度的差异是否会影响商业目标达成
知识产权关联性	是否有技术秘密才能让专利技术得以发挥
	是否有配套的培训和人才队伍专利技术才能得以实施
	是否有其他关联性的知识产权

尽职调查计划仅仅是调查的开始,需要在调查过程中不断修订该计划,因为发现问题和风险是一个过程,不是在一开始时就能全部预料到的。

风险关注表与八要素微观调查表的结合使用。

将风险关注表中需要关注的点与八要素微观调查表中的匹配要素结合使用,会产生更为实际和详细的调查目标。这两者结合的目的是找到潜藏在深处的风险点,并非一定要结合紧密才行。可以先按照风险关注表进行风险尽职调查,然后再按八要素顺序排查,没有涉及的可以增加排查,下面举一个具体的例子。

例如,在上例的手机知识产权收购案中,风险关注表中指出需要关注SEP的数量,那么结合八要素中的地域要素,就需要调查SEP所部署的国家,看能否涵盖所有销售地,至少应涵盖强保护国家和大市场;此外,还需要结合权属瑕疵要素调查SEP的声明是否经过第三方认可,如果没有,还需要调查SEP的真实性,而这就需要结合"目标企业虚报"要素了;此外,因为SEP的联盟特性,需要调查SEP的交叉许可现状,以及是否在联盟中有多家交互许可的情况。

当然,尽职调查的结构多种多样,不仅限于八微观要素,即使在八微观要素中有时也难免遗漏。

因此,尽职调查可采用多种结构并行或交叉借用的方式,以争取最大可能发现风险点。

除了上面的八微观要素调查外，本指引给出另外一种简略的以知识产权权利为核心的调查结构。

1）知识产权权属和基本情况调查。

专利：专利权人、发明人、国别、专利号、申请日、授权日、优先权日、法律状态、年费信息、许可状况、权属变更情况、无效历史等。

商标：申请号、服务类别、申请日、授权日、法律状态、缴费信息、许可状况等。

版权：与作者的协议、首次发表日期、版权所有人信息等。

商业秘密：当地法律规定的保密性、出让方保密制度和信息查询史等。

2）核心知识产权有效性、稳定性调查。

有效性：法律状态核实，是否续展等。

稳定性：无效历史、诉讼历史、审查记录、利益相关人之间的合同等。

3）知识产权协议调查。

重要协议调查：许可协议、交叉许可协议、参加联盟/专利池中的多边许可协议、转让协议等。

次要协议调查：OEM协议中的知识产权条款、与员工的发明所有权和报酬协议、劳动合同中的IP归属约定条款、保密协议等。

4）知识产权诉讼调查。

5）知识产权法律环境调查。

6）目的国技术出口管制调查。

7）竞争对手及行业知识产权情况调查。

8）上下游技术专利限制调查。

此外，在并购中，并购方可能更加关注所购知识产权的价值，但知识产权价值的评估涉及多方面因素，包括技术、市场、产业政策等，应该聘请专业评估公司进行评估，因此，本指引并未涉及。

（3）尽职调查中的交流机制　一般采用资料交流和会议交流两种方式。

1）资料交流。首先要根据调查计划表拟定详细的资料需求表，例如专利清单、专利全文数据、专利权属证明文件、销售合同和采购合同中的知识产权条款（可能需要完整的合同）等。在资料之外，还需要借助各种检索平台，例如专利检索平台、许可备案检索平台等，充分利用好网络检索功能发现其中潜在的风险。

2）会议交流。尤其是针对"目标企业虚报"和"收购方认知"两项要素，必须通过与相关人的会议会谈，才能把风险点真正的挖掘出来。

知识产权尽职调查结果直接影响知识产权价值的评估，进而影响交易的价格，有时可能会导致交易架构的变更或重新设计，甚至决定交易是否有必要继续进行。因此，在企业无法独立完成知识产权尽职调查时，应聘请有经验的知识产权咨询机构处理。

该阶段将输出《知识产权尽职调查报告》，在该报告中，应根据调查结果，至少为下一阶段输出三份内容：①交易框架应知风险；②谈判回落空间与策略；③知识产权风险级别。

当然，如果此阶段调查发现风险太大，而无法实现商业目标，流程则停止。

在尽职调查阶段应为工作人员提供《交易框架风险点提示单》，以为工作人员在 实际操作中进行风险预警。知识产权收购交易框架风险点提示单见表22。

表22　知识产权收购交易框架风险点提示单

交易框架风险点提示单			
交易框架	风险点	合同及谈判提示	风险分级
资产交易时间	专利申请号为××的专利获权日预计在××年×月前，在此前交易风险较大	在×月后启动谈判	★★★★
资产交易内容	"××技术"除了专利号为×××、×××、×××的专利技术外，尚需获取×××生产工艺的配方，才能达成商业目标	建议将所涉技术在合同中定义为"某某公司的拥有的某某技术和与某某技术相关的所有公司的未公开的知识产权与技术信息，其中包括某某公司在中国或者世界上其他国家所拥有的与申请的专利，以及其他保证利用某某技术制造的产品或者提供的服务达到所在国特定的检验标准与若干技术信息、实际操作方式、技术标准、技术数据与实用样品"；建议将该定义作为谈判中的底线条款	★★★★★
	专利号为××的专利申请地仅在美国，尚在优先权期限内，在4个月内必须向其他国家申请才能在其他国家内获权	建议在合同中约定在4个月内由对方及时在欧洲、日本、韩国和中国申请该专利，并将将来的专利权转让给我方	★★★
	专利号为××的专利为对方在标准组织IEEE中申明的SEP，但IEEE并未进行过核验	建议：1. 双方约定聘请第三方对该SEP进行核验；2. 将该专利剔除SEP序列，仅作为一般专利进行交易；3. 我方自行核验（应尽快启动）	★★★★

续表

交易框架风险点提示单			
资产交易种类	无	无	
陈述和保证	无	通用条款	
承诺	无法得知对方是否对该知识产权有完全的处分权利,据调查有与××共有的可能性	要求对方单独出具承诺性法律文件,对其知识产权的权属方面做出保证	★★
违约	无	通用条款	★
赔偿	无	通用条款	★

风险分级方法建议不要采用简单的高、中、低三级分级制,而采用高、较高、中、较低、低的五级分级法,分别对应五角星数量,五角星数量越多,风险级数越高。

在风险判定时,使用概率—影响矩阵的方式来判定。概率是指该种风险发生的可能性的大小,而影响则是指一旦该风险发生,则对整个项目的影响程度。例如,一个专利申请尚未授权,发生不授权的概率是40%,但一旦发生不授权,则商业目标无法实现,那么影响因子就在0.8。以上,为五星警报。

概率—影响矩阵见表23。

表23 知识产权收购风险判定概率—影响矩阵表

风险元素	风险概率(0~1.0)	影响因子(0~1.00)				
		0.05	0.10	0.20	0.40	0.80
A	0.9	0.05	0.09	0.18	0.36	0.72
B	0.7	0.04	0.07	0.14	0.28	0.56
C	0.5	0.03	0.05	0.10	0.20	0.40
D	0.3	0.02	0.03	0.06	0.12	0.24
E	0.1	0.01	0.01	0.02	0.04	0.08

此外,在确定风险级别的同时,最好给出风险的性质描述或规避策略,例如可分为可转移的风险、可接受的风险、可规避的风险与不可接受的风险等。

3.收购协议的谈判和修订阶段

知识产权收购的工作进入到协议谈判和修订阶段后,一般是按照上个阶段给出的风险点提示单来草拟或修改合同,并且以这个提示单为蓝本进行谈判。值得注意的是,该提示单中有谈判策略,一定要注意信息安全,加强保密工作,防止对方拿到核心信息,以免造成在谈判中的被动。但此阶段的工作非常个性化，情势变更也较多，所以不能盲目迷信风险提示单，要根据具体情况适时做调整。此项工作要根据企业并购的目的、外部环境、内部条件等众多约束条件创新地开展。

在此阶段需进行知识产权交易架构设计，需要注意的点主要包括：

（1）资产收购结构　资产收购结构包括资产收购和股权收购。资产收购需完全获取目标知识产权的所有权。股权收购通过对目标公司的控股，从而控制知识产权的利用。

一般而言，要想完全获得知识产权的控制权，资产收购是必要的；如果是股权收购，除非获得公司经营控制权，否则难以达到这个目标。在设计资产收购结构时，要时刻关注商业目标，如果不能匹配，则没必要启动收购。

（2）资产交易内容　资产交易内容包括资产所有权转移、知识产权许可和知识产权合作三方面。资产所有权转移即资产收购。知识产权许可是一种比资产收购还要应用广泛的交易方式，目标企业与收购方签订知识产权许可协议。专利许可依技术的使用限制分为独占许可、排他许可和普通许可；按技术是否获得授权可分为申请许可和权利许可；按能否分许可可分为允许分许可型许可和不允许分许可型许可；按权利人多少和是否互相许可可分为单向许可、交叉许可和专利池多头交叉许可等；此外在许可中还可能根据意思表示分为默示许可和明示许可。不同许可模式所面临的风险不同，应根据具体商业目标确定许可类型，并针对不同类型规避不同的风险。知识产权合作中，交易双方可以选择设立合资公司，将相关知识产权资产转移至该公司。通常知识产权资产出让方将会以知识产权作为出资资产获得合资企业的股权。此类交易内容最大的风险在于知识产权资产的评估，因此在尽职调查阶段的风险点表中要特别关注作为出资资产的知识产权资产的经济评估所涉及的要素，例如该知识产权的法律保护、该知识产权的周延法律保护（例如商标）、该知识产权的可替代性（这关系到后续的市场份额）以及该知识产权的年限等。一般会在尽职调查阶段即可识别出风险，在谈判阶段应用即可。

在确定上述大体上的交易架构后，就进入到具体合同草拟和谈判阶段。该阶段的风险防控是在尽职调查风险点提示单的基础上，设计具体的条款，例如交易时间、交易内容、交易形式、交易种类等。在每条具体条款的设计上都应紧紧围绕商业目标的实现和风险点规避进行设计。

（3）其他重要条款　其他重要条款包括陈述和保证条款（Representation and Warranty）、承诺条款（Covenant）、违约条款（Breach of the Agreement）、赔偿条款（Indemnification）及过渡期条款（Transitional Period）。

这些条款对于风险的转移和减轻非常重要，在尽职调查阶段描述为可转移或可减轻的风险，应尽量在这些重要条款中有所体现。例如，在众多专利中，有一个非核心专利尚未授权，且该专利初步评估稳定性较差，对方又不同意将该专利剔除，而为了这么一个专利就放弃整个交易实属不智，所以在风险提示单中描述为可减轻风险。那么律师在合同拟定的过程中即可在赔偿条款里拟定如果该专利申请未得到授权，出让方应给出赔偿，这样即可将该风险减轻。同样示例也适用于以上其他各条款。

值得注意的是过渡期条款，因为被并购方从合同签署到权利完全交割有一段过渡期，该期间有很多不确定的风险，因此，在该条款中应约定：被并购方应对所有知识产权进行维护、支付维护费用并提交所有必要的书面陈述及续展材料，以保留所有的知识产权档案；从雇员及独立合同方处获得知识产权提供适当的证明文件；保护知识产权对实质侵权提起诉讼；就第三方对该知识产权提出的质疑和实质性侵权向并购方发出通知，并为此提供参与争议解决的机会等。

（4）知识产权提供方单独出具承诺性法律文件　要求知识产权的提供方单独出具承诺性法律文件，对其知识产权的权属方面做出保证。在我国曾经有过这样的案例，某人将以自己个人名义注册的商标转让，该转让办理了转让手续，后来又反悔，以没有经过商标共有人（其妻子）的同意该出售商标的行为无效为由提起了诉讼，其诉讼主张得到了法院的支持。这个特别的案例，提示我们权属风险要从多方位多角度来防范。

4.收购后整合阶段及诉讼应对

收购后的整合及诉讼应对是最后一个环节，应及时开展对所购知识产权的整合和使用计划，消化所购知识产权的技术或提出品牌整合方案，制定整合后知识产权整体发展战略。此阶段的风险主要来自于管理不善以及后续的侵权诉讼和权属纠纷等诉讼风险。

（1）整合阶段　此阶段进行知识产权全责、费用等交割，包括自由权利交割,即出让方自己的权利转移,如著录项目变更、官方备案等;继延权利交割,即出让方接受的许可权利的转移,如续签合约、官方备案等;周边权利交割与保护,如与专利相关产品的商标权的转移、新商标的注册等事项;人才团队交割或技能培训,在一些专利收购或许可协议中,会约定与专利相关的技术培训。对人才队伍收编的意义要远大于知识产权收购本身,很多并购失败的原因都是并购后,使原有人才流失,造成创新中断,使原有的知识产权价值大打折扣。

对并购获得知识产权进行二次布局也是整合阶段的重要内容,将自由知识产权与并购获得的知识产权进行整合,重新规划知识产权资产管理。

此外,还应处理知识产权并购后的财务问题。跨境知识产权并购涉及的税务问题非常复杂,容易发生风险,需要在以下两个方面注意:①特许权使用费的税务问题,特许权使用费计入进口货物完税价格的条件是与被估货物有关、作为被估货物销售的一项条件、买方支付且尚未包含在实付应付价格中,特许权使用费基本囊括了所有知识产权,但 Know-How 除外;②税收的支付与优惠,需要查阅各国/地区的税收优惠政策,如我国将该税种放在营业税和所得税中。为在境内复制进口货物而支付的费用和技术培训及考察费用不计入进口货物的完税价格中。

(2)诉讼应对 知识产权收购后的诉讼应对是指并购后的知识产权可能会发生权属纠纷或侵权诉讼。因诉讼应对涉及更为广泛的要素,本指引仅作与并购有关的风险提示,海外知识产权诉讼请查阅前文第二章的指引。

1)并购后由于各国文化不同,对待发明人的与知识产权有关的人事政策可能不同,很有可能会引发权属纠纷。此时应注意并购后人事政策的本地化,避免发生太大的变动。

2)并购后由于主体变更,与出让方原本有约定的另一方因并购而导致该约定失效,则该方很可能启动侵权诉讼。该种诉讼既有可能是竞争对手之间的市场竞争行为,也有可能是寻求再次许可的行为,需要仔细辨识后制订相应策略。

3)购后发现有侵权行为,并购方维权。

4)并购后涉足新的行业,可能会导致该行业原有的产业均衡被打破,有可能引起该行业内其他竞争对手的诉讼。

三、案例解读

（一）北汽收购萨博知识产权案

1. 案情简介

北京汽车工业控股有限责任公司（以下简称"北汽"）是北京汽车工业的发展规划中心、资本运营中心、产品开发中心和人才中心。2008年12月8日，通用决定出售萨博。之后，北汽向通用提交了标书，与北汽参与竞标的共有27家公司。由于通用担心知识产权流失而回绝了北汽的投标，北汽的投标之路暂缓。在收购萨博的投标中，科尼塞格拔得头筹，率先与通用达成初步协议，并初步预计于当年第三季度前完成交易。为了继续达到收购萨博的目的，北汽与科尼塞格签署谅解备忘录，成为其非控股的少数股权股东。但在2009年11月底，科尼塞格宣布退出收购萨博，北汽收购萨博部分股权的计划又遭失败。之后，北汽决定购买萨博公司的部分资产而不购买股权，只购买萨博9-5、9-3等三个整车平台和两个系列的涡轮增压发动机、变速箱的技术所有权以及部分生产制造模具。2009年12月14日，北汽正式宣布完成对萨博知识产权的收购。此次北汽收购萨博知识产权的交易价格为14亿克朗（约为1.87亿美元）。

北汽成功收购萨博是一次我国企业跨国并购路径的创新。其初北汽采取了曲线入股科尼塞格的策略希望达到收购萨博的目的，但科尼塞格的退出使北汽的收购计划破灭。北汽迅速调整策略，采用收购知识产权的方式与萨博达成协议。通过收购知识产权的策略，北汽不仅免去承担让萨博起死回生的重任，减少了成本，而且收购知识产权花费小，风险也小，能够最佳地达到北汽通过利用萨博的车型平台来打造北汽自主品牌轿车的战略目标。

2. 案例分析

北汽收购萨博知识产权案中有两点可供国内企业海外收购知识产权时借鉴：

（1）紧跟企业战略目标　企业收购知识产权最终是要服务于企业整体的战略发展导向。北汽一直以来贯彻"走国际化道路，努力参与竞购先进企业产品的知识产权"这一战略目标，收购萨博知识产权整个过程中的各项策略都紧紧跟随企业的战略目标，随机应变在收购过程中出现的各种状况。

（2）专业团队的支持　北汽在收购萨博过程中，技术谈判核心成员8人，全部都具有国际企业公司10年以上的经验，其中4人为国际知名的汽车领域专家，具有国际化运作的经验和丰富的人脉关系。除了自身的收购项目团队建设外，北汽还与国内外优秀会计师事务所和律师事务所进行合作，提供咨询中介，也为此次收购的成功提供了保障。

（二）华立并购飞利浦CDMA专利案

1. 案情简介

在CDMA技术领域核心专利大部分由高通掌握，而全球能成功开发出CDMA手机关键部件——主芯片的公司极少，除了高通以外只有飞利浦CDMA研发部与LSL Logic公司。2001年5月，飞利浦在CDMA研发部遭受巨大损失后急于将CDMA业务出手，以平息股东压力。华立集团是全球最大的电度表生产企业，但是由于电表市场饱和，成长空间有限，华立决定介入CDMA手机产业，而飞利浦的CDMA业务正是华立入手的最佳合作伙伴。

起初，飞利浦对出售CDMA研发部的开价是1.8亿美元。但是，华立没有能力支付这样的收购价格，因此华立的收购战略定位是合作而不是全盘收购。最后，华立仅以极其低廉的价格收购了飞利浦的CDMA研发部。而这样低的收购价格是不可能获得CDMA技术的。实际上，华立收购的飞利浦CDMA部门，主要就是研发设备和研发人员，华立并没有获得飞利浦CDMA技术的专利权，而只是获得了有关技术的使用权。华立通过收购飞利浦CDMA技术进入了高通垄断的我国芯片的大门，但高通的CDMA芯片专利仍是无法逾越的障碍。华立从飞利浦获得的专利使用权并不能利用这些专利技术独立地生产出CDMA产品。

由于收购前飞利浦CDMA研发部盈亏失衡，收购后华立也为此支付了大量金钱。并且由于高通专利的存在，华立芯片的生产只能借助飞利浦完成。华立主要承担CDMA芯片的设计工作，芯片代工厂生产依然在飞利浦工厂。

华立收购飞利浦 CDMA 部门仅取得了专利使用权，但华立若要继续研发该技术，也仍然存在高通专利权的授权许可使用问题。四年后，不堪 CDMA 重负的华立不得不放弃 CDMA 芯片的核心技术，而转向 TD – SCDMA 技术市场。纵观华立在收购 CDMA 专利后的表现，此次收购并未能给华立带来太多的积极作用，可认为华立收购 CDMA 失利。

2. 案例分析

了解了华立收购飞利浦 CDMA 专利案的始末，可发现华立收购案失利存在以下几方面原因：

（1）收购前未能对飞利浦 CDMA 专利进行深入分析　在 CDMA 技术领域，核心专利大部分由高通掌握。全球能成功开发出 CDMA 手机关键部件主芯片的公司主要是美国高通公司，飞利浦 CDMA 研发部只不过拥有了部分 CDMA 芯片的专利技术而已，也就是说手机 CDMA 关键技术仍由高通公司垄断。事实上，华立收购飞利浦 CDMA 研发部是一种资产收购，而且收购的主要是 CDMA 研发部廉价的有形资产，价值昂贵的核心技术未能进入华立囊中。收购后让华立产生了掌握 CDMA 核心技术的错觉，但却始终无法逃离高通在 CDMA 技术领域的垄断地位，也无法与高通达成专利许可的协议。从而该收购案对华立造成了巨大损失。

（2）华立不熟悉通信行业而盲目进行收购　我国企业若要收购海外企业，其在国内的主业与被收购的资产应该具有相关性或互补性，对被收购的行业要很熟悉，并且拥有收购的能力。但是，华立在提出收购项目时是通信行业的新入者，没有充分了解该行业的情况。而且该行业内又存在一个比自己强大许多的美国高通公司，无论是技术还是经济实力，华立做为新入者都难以与在核心领域得以垄断的高通公司进行较量。

参考文献

[1] 张艳玲. 中国已成美国"337"调查的主要对象国和最大受害国 [EB/OL].[2015-9-9]. http://news.china.com.cn/2014-04/22/content_32168882.htm.

[2] 马嫦娥.337调查：中美贸易发展的新障碍及其应对策略 [J]. 南京师大学报，2005（6）：47-49.

[3] 张换兆，许建生，彭春燕. 美国对华337调查研究与应对策略 [J]. 中国科技论坛，2014（9）：139-142.

[4] 彭红斌，石丽静. 日本应对"337调查"的经验及启示 [J]. 理论探索，2013（2）：109-111.

[5] 江玮，中国企业"走出去"面临前所未有的知识产权挑战 [EB/OL].[2015-9-9]. http://finance.ifeng.com/a/20150126/13456700_0.shtml.

[6] 孙延峰. 中国公司如何在美国知识产权诉讼中应诉 [J]. 中国专利与商标，2003（2）：23-26.

[7] 武卓敏. 关于国际展会知识产权纠纷的实证研究——从冲突调解到"5+X模式" [J]. 电子知识产权，2010（6）：34-37.

[8] 张岚. 德国展会知识产权执法措施及应对 [J]. 贵州社会科学,2013(6)：31-34.

[9] 汉斯·戈达，卡尔·理查德·哈尔曼. 德国展会知识产权不当行使的防御之术 [J]. 电子知识产权，2010（12）：28-31.

[10] 李木子. 关注参展企业海外维权，深化细化知识产权服务 [J]. 电子知识产权，2008（12）：47-49.

[11] 赵建国. 海外收购知识产权 一条"走出去"的捷径？[N]. 中国知识产权报，2014-04-11.

[12] 黄清华. 海外并购的知识产权风险 [N]. 中国保险报，2011-07-11.

[13] 陈君达. 中国企业海外并购中的知识产权管理研究 [J].科技管理研究，

2010（4）：205-208.

[14] 彭辉，史建三. 海外并购中知识产权风险控制策略研究 .[J]，管理现代化，2013（5）：91-93.

[15] 刘云波，余炳文. 我国企业跨国并购中的知识产权调查 [J]. 知识产权，2014（9）：78-81.

[16] 杨赟. 基于知识产权的企业并购过程研究 [J]. 生产力研究，2009(18)：155-157.

[17] 上海社会科学院课题组. 中国企业海外并购活动的知识产权风险识别与启示 [J].2013（35）：1-7.